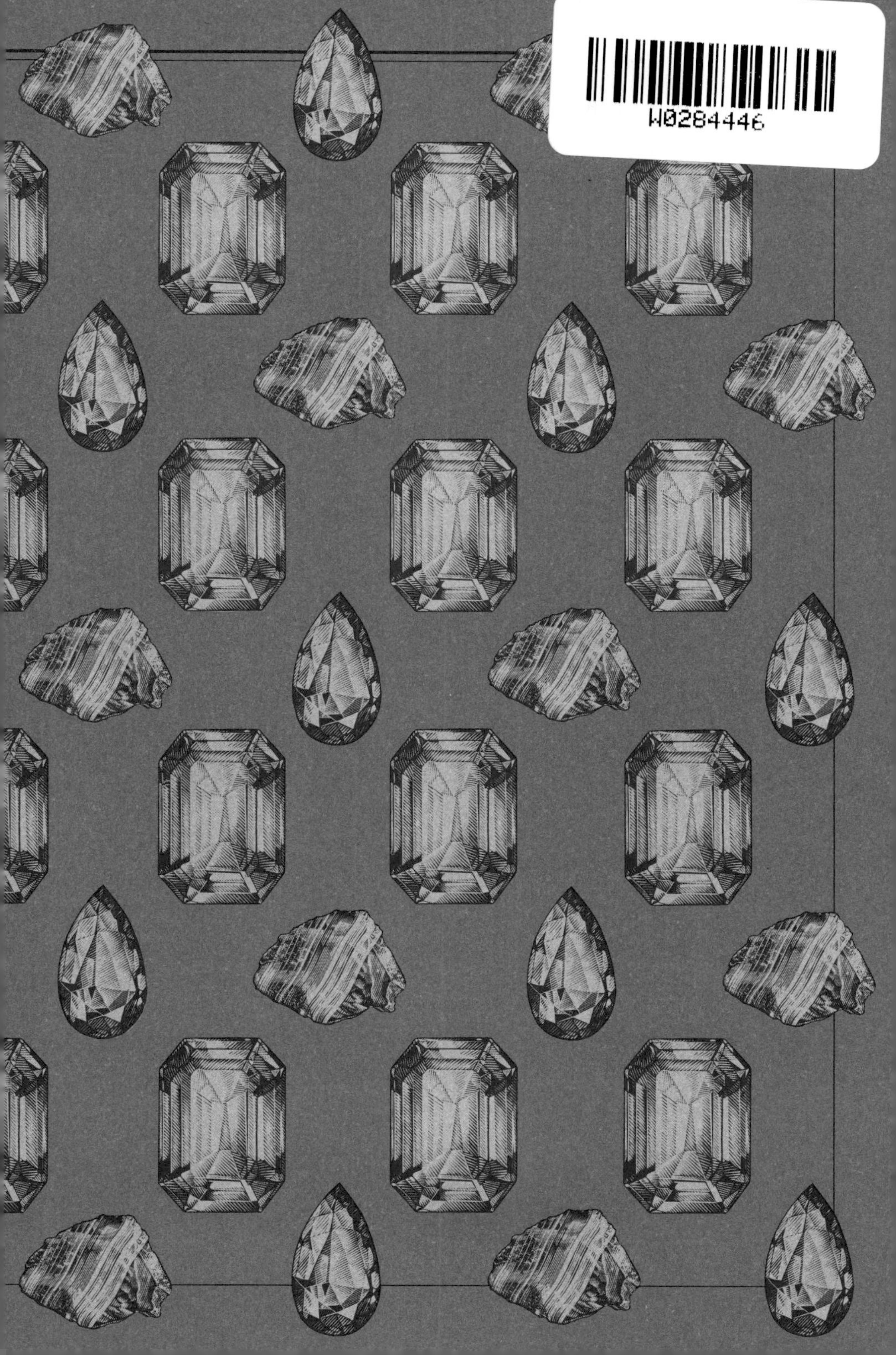

RAVENSBURGER NATURFÜHRER

EDELSTEINE

RAVENSBURGER NATURFÜHRER

EDELSTEINE

Cally Hall

Aus dem Englischen von
Eva Dempewolf

Fotografien von
Harry Taylor
(The Natural History Museum)

Ravensburger Buchverlag

Ein Dorling Kindersley Book

Originaltitel: Eyewitness Handbooks: Gemstones

Übersetzung: Dr. Eva Dempewolf, Starnberg
Fachberatung: Daniel Jutz, Berg
Produktion und Satz: VerlagsService Dr. Helmut Neuberger
& Karl Schaumann GmbH, Heimstetten
Umschlaggestaltung: Ekkehard Drechsel BDG unter
Verwendung des Umschlags der Originalausgabe
Gesamtherstellung: Kyodo Printing Co., Singapore

Printed in Singapore

3 4 99 98 97

ISBN 3-473-46072-9

Inhalt

Vorwort des Autors

Die exquisiten Farben der Edelsteine, das virtuose Spiel des Lichts in ihren Facetten wären allein Grund genug, sie als Kleinodien zu schätzen. Mehr noch aber bestimmen die außerordentliche Seltenheit und Härte ihren Wert. Aufgrund ihrer natürlichen Schönheit und Widerstandsfähigkeit hat man Edelsteinen schon früh übernatürliche, magische Kräfte zugesprochen, und um manche Steine ranken sich jahrhundertealte Legenden.

Es gibt mehr als 3000 verschiedene Minerale, von denen jedoch nur rund 50 als Edelsteine bezeichnet werden. Die Anzahl unterliegt ständigen Schwankungen, da immer neue Varietäten entdeckt werden und die Welt der Schmucksteine in besonderer Weise den Launen der Mode ausgesetzt ist. Dieses Buch beschreibt über 130 – darunter auch einige höchst seltene – Schmucksteine und illustriert so das breite Spektrum jener naturgeschaffenen Kostbarkeiten.

EDELSTEINE SORTIEREN
Arbeiter in Birma sortieren Saphire, die sie im Flußsediment gesammelt haben. Geschliffen weisen diese Minerale alle Vorzüge eines echten Edelsteins auf: schön, selten und äußerst hart.

WAS IST EIN EDELSTEIN?

Um die Bezeichnung »Edelstein« zu verdienen, muß ein Mineral (bzw. ein Material organischen Ursprungs) vor allem überragende ästhetische Qualitäten aufweisen.

STERNSAPHIR (CABOCHON)

FLUSSPERLE (NICHT GESCHLIFFEN)

DIAMANT (BRILLANTSCHLIFF)

RUBIN (TREPPENSCHLIFF)

SMARAGD (ACHTECKIGER CABOCHON)

FÜNF BEKANNTE EDELSTEINE
Mit Ausnahme der Perle in ihrem charakteristischen »Schliff« (Bezeichnung in Klammern).

Außerdem muß ein Schmuckstein widerstandsfähig sein – hart genug, um ständig getragen zu werden, ohne Kratzer oder andere Schäden davonzutragen. Und drittens muß er – natürlich – selten sein; denn nur das bedingt seinen hohen Marktwert.

DIE WISSENSCHAFT GEMMOLOGIE

Auch aus wissenschaftlicher Sicht sind Edelsteine überaus faszinierend. Gemmologen unterziehen jeden Stein einer gründlichen Prüfung, und zwar zuerst im Rohzustand – so, wie man ihn im Gestein findet –, und dann noch einmal, wenn er geschliffen und poliert ist. Aus diesem Grund werden hier auch alle Schmucksteine sowohl im Naturzustand (teils sogar noch innerhalb der »Matrix«, also des Muttergesteins) gezeigt als auch nach ihrer Bearbeitung. Viele Beschreibungen enthalten darüber hinaus Vergrößerungen, aus denen die kristalline Struktur ersichtlich wird.

INSIGNIEN DER MACHT
Der berühmte Cullinan-I-Diamant (oben) schmückt das Szepter (rechts) der Britischen Kronjuwelen.

DURCH ALLE SCHICHTEN

Seit alters gelten Edelsteine als äußere Zeichen von Macht und Reichtum. Und Symbole der Vormachtstellung – Kronen wie Staatsroben – werden traditionell mit prächtigen Juwelen verziert.

PRIVATSAMMLUNG
Die Mathews Collection in London umfaßt vier große Schatullen mit ungefaßten Edelsteinen aus allen Teilen der Welt (oben) sowie eine Reihe kolumbianischer Smaragde (rechts). Diese Sammlung ist in ihrer Art und Vielfalt einmalig, doch können viele herrliche Steine in Museen bewundert werden.

Doch zum Glück bleiben Edelsteine nicht allein den Reichen vorbehalten. Jeder kann sie bewundern, und deshalb ist dieses Buch auch nicht als Lehrbuch gedacht, sondern soll eine allgemeine Einführung in die Edelsteinkunde bieten und als Bestimmungshilfe für einzelne Steine dienen.

Edelsteine sammeln

Die wahre Freude an ihrer Schönheit erwächst für viele erst aus dem Besitz von Schmucksteinen. Zwar können sich nur wenige Menschen die teuren Edelsteine leisten, doch hat jeder die Möglichkeit, Minerale zu sammeln, die nicht unbedingt Edelsteinqualität aufweisen, aber dennoch wunderschön sind. Vielleicht finden Sie sogar selbst ein Stück Bernstein am Strand. Und wie bescheiden Ihre Sammlung auch sein mag, sie wird Ihnen viele erfüllte Stunden bescheren.

Schatzkästchen
Im 18. Jahrhundert waren juwelengeschmückte Schmuckkästchen in Mode. Der große Citrin in der Mitte ist von Amethysten, Achaten, Amazoniten, Granaten und Perlen eingerahmt.

Edelsteinabbau in Kambodscha
In vielen Teilen der Welt werden Edelsteine heute noch nach althergebrachten Methoden gefördert.

Edelsteinsuche in Australien
Wer selbst nach Saphiren oder Opalen suchen will, kann sich dafür in Australien eine Lizenz erteilen lassen. Die größte Aussicht auf Erfolg bieten Flußbetten.

Über dieses Buch

Dieses Buch teilt sich in drei Kapitel: Edelmetalle, Steine und organische Substanzen. Edel- und Halbedelsteine wurden entsprechend ihrer Kristallstruktur zu sieben Hauptgruppen zusammengefaßt. In einer letzten Abteilung werden amorphe Formen behandelt. Innerhalb dieser Sektionen sind die Edelsteinarten anderen Mineralen mit verwandten Merkmalen gegenübergestellt. Das folgende Beispiel zeigt den Aufbau eines typischen Stichwortes:

Dieser Kristallgruppe gehört der Schmuckstein an •

Chemische Grundformel des jeweiligen Steins •

Mittlere Härte des Schmucksteins nach der Mohsschen Härteskala •

Kristallstruktur Trigonal	Zusammensetzung Siliciumdioxid	Mohshärte 7

Gängiger Name des Schmucksteins (in Klammern ggf. die Mineralgruppe) •

AMETHYST (QUARZ)

Die wichtigsten physikalischen Eigenschaften des Steins •

Kristalliner Quarz in den Farben Violett, Zartlila und Mauve. Amethyste sollen für einen klaren Kopf sorgen. Aus verschiedenen Richtungen betrachtet, zeigt der Stein unterschiedliche Färbung. Normalerweise in Treppen- oder Ceylonschliff facettiert, enthält der Amethyst zahlreiche Einschlüsse, die an Tigerstreifen oder Federn erinnern. Beim Erhitzen ändert der Stein seine Farbe zu Gelb oder Braun und wird so zum Citrin. Mischformen aus Citrin und Amethyst bezeichnet man als Ametrin.

Wo und wie der Schmuckstein entstand und wo man ihn findet •

• **Vorkommen:** Amethyste kommen vorwiegend in Anschwemmungen und Geoden vor. Steine aus dem Ural (Rußland) weisen eine leichte Rotfärbung auf, kanadische sind eher violett. Weitere Fundorte sind Brasilien, Sri Lanka, Indien, Uruguay, Madagaskar, die USA, Deutschland, Australien, Namibia und Sambia.

Zusätzliche Informationen über den entsprechenden Kristalltypus •

• **Hinweis:** Qualitativ minderwertiges Material wird häufig in Kugelform angeboten.

Einschlüsse in Tigerstreifung kommen von flüssigkeitsgefüllten Kanälen.

• *Makroaufnahme zeigt die Einschlüsse eines Steins (sofern vorhanden)*

KRAWATTENNADEL

Schmuckstücke aus Amethyst wie diese geschmackvolle Krawattennadel mit Treppenschliff waren im 19. Jahrhundert sehr beliebt.

• *Beispiel für ein Schmuckstück, für das der Stein verwendet wurde*

Typische purpurviolette Färbung •

OVAL

• *Beispiel für einen geschliffenen Stein mit Angabe der Schliffart bzw. -form*

Purpurfarbener Stein • *aus Rußland*

• *Geschliffene, konvexe Oberfläche*

Farbvarietäten und andere Schliffarten, die die Bestimmung des Steines erleichtern •

HEXAGONALER GEMISCHTER SCHLIFF

Zweifarbigkeit durch Zwillingsbildung •

Querschnitt durch einen Amethystkristall •

SCHNITT DURCH EINEN AMETHYSTKRISTALL

Zur Spitze hin wird der Amethystkristall dunkler •

• *Anmerkungen zu den wichtigsten physikalischen Eigenschaften*

AMETHYST-KRISTALLE IM VERBUND MIT BERGKRISTALL

• *Beispiel für einen Stein im Rohzustand, oftmals noch in Verbund mit dem Muttergestein (Matrix)*

Für diesen Schmuckstein typische Formen und häufig verwendete Schliffarten •

SG 2,65	BI 1,54–1,55	DI 0,009	Glanz Glasglanz

Durchschnittliches spezifisches Gewicht des Schmucksteines •

• *Mittlerer Brechungsindex (einfach brechende Steine haben nur einen einzigen Brechungsindex)*

• *Mittlerer Doppelbrechungsindex (nur bei doppelbrechenden Kristallen)*

• *Beschaffenheit der Steinoberfläche*

Was sind Schmucksteine?

Schmucksteine sind normalerweise Minerale, die als Ziergegenstände für den persönlichen Gebrauch bearbeitet wurden. Sie sind schön, selten und haltbar – natürliche anorganische Stoffe mit bestimmter chemischer Zusammensetzung und regelmäßiger Kristallstruktur. Einige Juwelen, Bernstein und Schildpatt etwa, stammen jedoch von Pflanzen und Tieren und sind deshalb organische Substanzen. Wieder andere sind synthetisch hergestellt. Ihre Eigenschaften sind denen natürlicher Juwelen ähnlich, weshalb oft Verwechslungsgefahr besteht.

EDELMETALLE

Gold, Silber und Platin sind natürlich keine Schmucksteine, aber sie sind nicht minder kostbar und schön und lassen sich gut bearbeiten. Als Fassung für Edelsteine haben sie eigenen Wert. Das seltenste und teuerste Edelmetall ist Platin.

GOLDNUGGET (UNBEARBEITET)

GOLDRING

JUWELEN ORGANISCHEN URSPRUNGS

Diese Schmucksteine stammen von lebenden Organismen und heißen deshalb organisch. Ihre »Produzenten« sind Muscheln (Perlen), Polypen (deren Skelette Korallen bilden) und das versteinerte Harz von Bäumen (Bernstein). Auch Elfenbein, Gagat, Schildpatt und Perlmutt sind organischen Ursprungs. Diese Substanzen sind keine Steine und auch nicht so haltbar wie Minerale. Deshalb werden sie meist nicht facettiert, sondern poliert, angeschliffen oder durchbohrt zu Kugelketten aufgereiht.

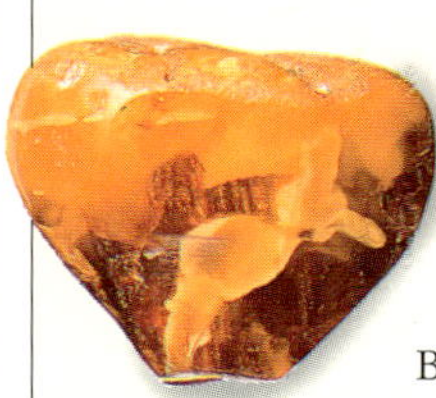

BERNSTEIN-ROHSTÜCK

BERNSTEINPERLE

POLIERTER STEIN

Kristalle können auch auf natürliche Weise gerundet und poliert werden. Dieser Smaragd stammt aus einem Flußbett.

ROHKRISTALL

Selbst im unbearbeiteten Zustand weisen manche Minerale klar definierte Prismenflächen auf.

SCHMUCKSTEINE

Fast alle Schmucksteine entstehen wie der hier gezeigte Smaragd als natürlicher Kristall (siehe S. 18f) in einem Muttergestein (Matrix). Ein Stein in diesem Stadium wird als »Rohstück« bezeichnet. Viele Kristalle sind bereits in ihrer natürlichen Form so schön, daß man sie nicht weiterbearbeitet. Andere erhalten Facetten- oder Glattschliff (siehe S. 26ff) und werden anschließend gefaßt.

CABOCHON
Schlichte Glattschliffart, bei der das Oberteil rundlich (mugelig), die Unterseite flach geschliffen wird.

FACETTIERTER STEIN
Die meisten Schmucksteine werden so geschliffen, daß eine Vielzahl kleiner glatter Flächen (Facetten) entsteht.

SMARAGD-IMITAT
(GRANAT AUF FARBGLAS)

IMITATE

Seit jeher versucht der Mensch, Edelsteine zu imitieren. Dazu dienten und dienen minderwertigere Steine, aber auch Glas und andere künstliche Stoffe. Zusammengesetzte Steine wie Granat auf grünem Glas (oben) bestehen aus mehreren Teilen.

JUWELEN
Für die meisten Schmuckstücke werden ein oder mehrere polierte oder facettierte Steine in Gold, Silber oder Platin gefaßt.

SYNTHETISCHE STEINE

Künstlich hergestellte Edelsteine (siehe S. 34f) ähneln in ihren Eigenschaften ihrem natürlichen Vorbild. Beim Schmelz-Fluß-Verfahren werden zuerst Kristalle gezüchtet und dann facettiert.

SYNTHETISCHE KRISTALLE

GESCHLIFFENER SYNTHETISCHER SMARAGD

Entstehung von Schmucksteinen

Schmucksteine mineralischen Ursprungs findet man in Gesteinen, die selbst aus einem oder mehreren Mineralen bestehen; man unterscheidet drei Gesteinsarten – magmatische, Sediment- und metamorphe Gesteine (Bildung siehe rechts). In diesem Material lagern sich Minerale von Schmucksteinqualität ab, die teilweise leicht zugänglich an der Erdoberfläche, zum Teil aber auch tief im Erdinneren verborgen liegen. Zuweilen werden sie durch Erosion von ihrem Muttergestein getrennt und in Flüsse und Seen geschwemmt.

MAGMATISCHE GESTEINE
entstehen beim Erhärten von Magma ober- oder unterhalb der Erdoberfläche.

SEDIMENTGESTEINE
bilden sich unter Druck aus in Schichten abgelagerter Verwitterungsprodukte. Gelegentlich werden sie wieder an die Erdoberfläche gehoben.

METAMORPHE GESTEINE
Magmatische oder sedimentäre Gesteine, deren Charakter sich durch Einwirkung von Hitze und Druck verändert hat.

Beim Abkühlen von Lava bilden sich Peridot-Kristalle.

VULKANGESTEIN-»BOMBE« AUS BASALTISCHER LAVA

MAGMATISCHE GESTEINE

Eruptivgesteine bestehen aus erkaltetem Magma, dem Gesteinsschmelzfluß im Erdinneren. Manche werden als Lava-»Bomben« (siehe links) oder Asche von Vulkanen ausgespien (Ergußgestein), andere verfestigen sich unter der Erdoberfläche (Tiefengestein). Generell gilt: Je langsamer ein Gestein erkaltet und fest wird, desto größer sind die darin gebildeten Kristalle – und damit auch die Schmucksteine. Viele große Schmucksteinkristalle findet man in Pegmatit, einem Tiefengestein.

METAMORPHOSE GESTEINE

Metamorphose Gesteine sind entweder Eruptiv- oder Sedimentgesteine, die sich unter Hitze und Druck im Erdinneren zu neuen Gesteinen mit neuen Mineralen umgewandelt haben. Während dieses Prozesses bilden sich in solchen Materialien häufig Schmucksteine. Granate etwa formen sich in Schiefern, die ihrerseits aus Ton und Schlammstein entstanden. Marmor, bei hohen Temperaturen und unter extremem Druck aus Kalkstein gebildet, kann Rubine enthalten.

Kyanit- und Staurolith-Kristalle entstehen unter hohem Druck.

KYANIT-STAUROLITH-SCHIEFER

SEDIMENTGESTEINE

Sedimentgesteine entstehen aus erodierten Gesteinsstücken. Mit der Zeit lagern sich diese Fragmente ab und erhärten zu einem neuen, massiven Gestein. Die Ablagerungen sind in der Regel schichtförmig, und diese Schichten wiederholen sich häufig in den entsprechenden Schmucksteinen. Australische Opale entstehen meist in Sedimentgestein; Türkis tritt vorwiegend als Ader in Sedimentgesteinen wie Schiefer auf; und Gips und Halit sind selbst Sedimentgesteine.

AUSTRALISCHER OPAL IN SEDIMENTGESTEIN

SCHMUCKSTEINE ORGANISCHEN URSPRUNGS

Organische Schmucksteine stammen von Tieren und Pflanzen. Echte Perlen bilden sich um Fremdkörper innerhalb einer Muschel. Um Zuchtperlen zu gewinnen, werden diese Muscheln in großen Farmen kultiviert, vielfach in den seichten Küstengewässern Japans und Chinas. Perlmutt und Schildpatt findet man in den Schalen von Schnecken und Schildkröten. Korallen sind die Skelette winziger Meereslebewesen, die sich in Jahrhunderten und Jahrtausenden zu festem Material aufgebaut haben. Horn oder Elfenbein kann von noch lebenden Tieren, aber auch jahrtausendealten Fossilien stammen. Bernstein ist versteinertes Baumharz, Gagat versteinertes Holz.

SCHÄTZE AUS DEM MEER

Die See hat dieses Stück Bernstein (versteinertes Baumharz) mit Narben versehen und schließlich an die englische Küste gespült.

MODERNE DIAMANTMINE IN BOTSWANA

Hier werden tonnenweise Erde und Gestein verlagert, um vergleichsweise winzige Mengen an Diamanten zu fördern.

EDELSTEINSCHÜRFER IN WESTAFRIKA

In Entwicklungsländern werden Edelsteine noch nach traditionellen Methoden gewonnen. Hier eine Saphirlagerstätte in Sierra Leone.

Fund- und Lagerstätten

Einige Mineral-Schmucksteine, Quarz und Granat etwa, gibt es weltweit. Andere, zum Beispiel Diamant und Smaragd, sind aufgrund besonderer geologischer Voraussetzungen wesentlich seltener. Doch selbst bei weiter Verbreitung können schleifwürdige Exemplare Seltenheitswert besitzen. Schmucksteine werden also bevorzugt dort abgebaut, wo Menge und Qualität den Aufwand lohnen.

DIAMANTEN AUS AFRIKA

In der Nähe von Kimberley (Südafrika) befindet sich eine der größten Diamantminen der Erde. Hier werden riesige Mengen gefördert.

ZWÖLF SCHMUCKSTEINE

In diese Karte sind zwölf der bekanntesten Schmuckstein-Varietäten eingezeichnet. Alle sind sehr beliebt und teuer, einige jedoch sehr viel seltener als andere.

PERLEN AUS JAPAN

Die seichten Küstengewässer Japans bieten optimale Bedingungen für die Perlenzucht. Perlen sind organische Substanzen und deshalb nicht an bestimmte geologische Formationen gebunden.

FUND- UND LAGERSTÄTTEN

Diese Karte zeigt die bedeutendsten Lagerstätten zwölf bekannter Edelsteinarten. Alle könnten auch anderswo auftauchen, wahrscheinlich jedoch in so geringen Mengen, daß sich der Abbau nicht lohnt. Einige einst ergiebige Vorkommen sind inzwischen erschöpft.

RUBINE AUS BIRMA

Einige der schönsten Rubine der Welt stammen aus den reichen Minerallagerstätten bei Mogok in Birma. Auch Saphire werden in dieser Region gewonnen, in der noch traditionelle Fördermethoden überwiegen.

Physikalische Eigenschaften

Die physikalischen Eigenschaften von Schmucksteinen, ihre Härte, ihr spezifisches Gewicht und ihre Spaltbarkeit, sind von der chemischen Zusammensetzung und der Kristallstruktur des Steines abhängig. So ist beispielsweise der Diamant das härteste bekannte Mineral, Graphit eines der weichsten, und doch bestehen beide aus reinem Kohlenstoff. Die große Härte des Diamanten resultiert allein aus der Art, in der die Atome miteinander verbunden sind.

RITZBESTECK

Die Spitzen der Teststifte bestehen aus Mohs-Standardmineralen.

HÄRTE

Die Härte, ein Hauptcharakteristikum jedes Schmucksteins, läßt sich am besten anhand der Ritzfestigkeit des Steins bestimmen. Mittels der Mohs-Härteskala (unten) kann man jeden Stein testen und ihm einen Wert zwischen 1 und 10 zuordnen. Die Intervalle zwischen den Zahlen sind nicht gleichmäßig (siehe die Knoop-Skala rechts). Da die Minerale beim Ritztest beschädigt werden, sollte er nur angewandt werden, wenn andere Prüfverfahren versagen.

KNOOP-SKALA

Diese Skala zeigt die Eindringtiefe einer Diamantspitze in die Oberfläche eines Minerals. Die zehn Punkte entsprechen den Mohs-Härtestufen.

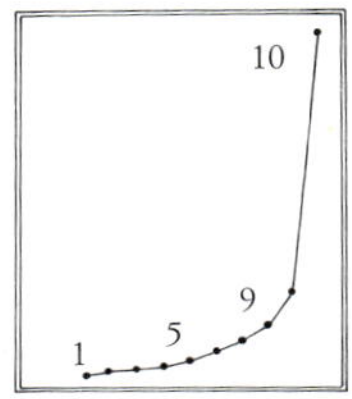

MOHS-HÄRTESKALA

Diese Skala geht auf den deutschen Mineralogen Friedrich Mohs zurück. Dieser ordnete zehn gängige Minerale entsprechend ihrer »Ritzbarkeit« ein: Jedes Mineral kann die auf der Skala unter ihm liegenden ritzen, wird aber von den höheren selbst geritzt.

MOHS-STANDARDMINERALE

1 TALK · 2 GIPS · 3 CALCIT · 4 FLUORIT · 5 APATIT · 6 ORTHOKLAS · 7 QUARZ · 8 TOPAS · 9 KORUND · 10 DIAMANT

SPEZIFISCHES GEWICHT

Das spezifische Gewicht (SG) eines Schmucksteines hat mit seiner Dichte zu tun. Man ermittelt es, indem man das Gewicht des Steines mit dem Gewicht des gleichen Volumens Wasser vergleicht. Je größer das spezifische Gewicht, desto schwerer der Stein. Ein kleiner Pyritquader etwa mit einem SG von 5,2 wird uns schwerer erscheinen als ein größeres Fluorit-Stück mit einem SG von 3,18. Ein Rubin (SG 4,00) wiegt mehr als ein Smaragd (SG 2,71) gleichen Volumens.

FLUORIT

PYRIT

RELATIVES GEWICHT

Dank höherer Dichte erscheint uns das kleine Pyritstück schwerer als der weit größere Fluoritbrocken.

Spaltbarkeit und Bruch

Unter Spaltbarkeit versteht man die Art und Weise, in der bestimmte Minerale entlang von Ebenen mit schwächerer atomarer Bindung brechen. Da diese Eigenschaft mit der Struktur der Atome zusammenhängt, verlaufen die Spaltbarkeitsflächen normalerweise parallel, senkrecht oder diagonal zur Kristalloberfläche. Man unterscheidet zwischen sehr vollkommener, vollkommener und unvollkommener Spaltbarkeit (Beispiele siehe rechts). Sehr vollkommen lassen sich u.a. Diamant, Fluorit, Spodumen, Topas und Calcit spalten. Zerschlägt man schlecht oder nicht spaltbare Minerale, entsteht ein sogenannter Bruch. Bruchoberflächen sind generell rauh und uneben. Auch hierzu gibt es wiederum spezielle Bezeichnungen: muschelig, uneben, splittrig, faserig, hakig und spröde (Beispiele rechts und unten).

Baryt

◁ Sehr vollkommene Spaltbarkeit

Der perfekt spaltbare Baryt besitzt drei Spaltbarkeitsrichtungen.

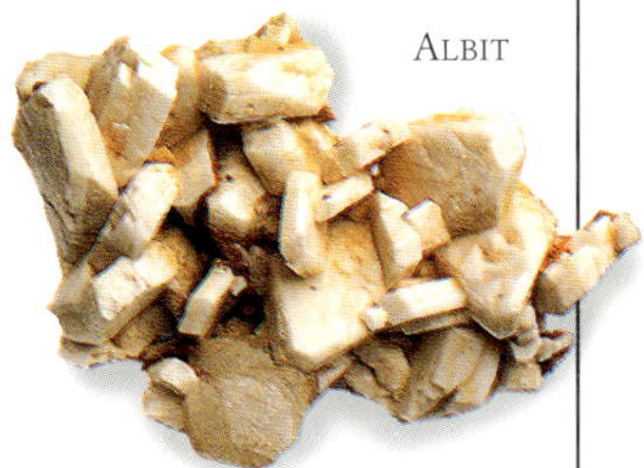

Albit

Δ Vollkommene Spaltbarkeit

Beim Albit sind die Spaltbarkeitsflächen noch klar erkennbar.

Aquamarin

◁ Unvollkommene Spaltbarkeit

Beim Aquamarin ist die Spaltrichtung unausgeprägt.

Dumortierit

Δ Unebener Bruch

Für feinkörnige, feste Steine wie Dumortierit ist eine unebene Bruchfläche typisch.

Obsidian

Δ Muscheliger Bruch

Die bei Schmucksteinen am häufigsten auftretende Bruchform. Quarze und glasartige Steine brechen fast immer muschelig.

Gold

Hakiger Bruch Δ

Dieses Stück Gold ist ein gutes Beispiel für eine rauhe, unebene Bruchfläche.

Nephrit

Splittriger Bruch ▷

Nephrit bricht scharfkantig und spröde.

Kristallformen

Fast alle mineralischen Schmucksteine sind kristallin mit regelmäßig und symmetrisch angeordneten Atomen. Einige wenige sind amorph, d. h. sie haben keine oder nur schwach ausgeprägte Kristallstruktur. Kristalline Minerale können aus einem einzigen, aber auch einer Vielzahl von Kristallen bestehen. Polykristalline Minerale setzen sich aus vielen kleinen Kristallen zusammen, bei kryptokristallinen sind die einzelnen Kristalle ohne Mikroskop nicht erkennbar. Kristalline Minerale besitzen eine Reihe ebener Flächen, deren Anordnung die gesamte Erscheinungsform, den sogenannten »Habitus« bestimmt. Einige Minerale weisen einen einzigen, charakteristischen Habitus auf (pyramidal oder prismatisch etwa), andere haben mehrere. Eine scheinbar strukturlose Gesteinsmasse heißt derb. Amorphe Schmucksteine wie Obsidian und Tektit zeigen einen unregelmäßigen Habitus.

AMORPH

PYRAMIDAL

NADELARTIG

PRISMATISCH

DERB

DENDRITISCH

ZWILLINGSBILDUNG

Natürliche Kristalle sind selten perfekt. Ihr Wachstum ist von äußeren Einflüssen wie Temperatur und Druck abhängig sowie von dem Medium, in dem sie entstehen. Bei der sogenannten Zwillingsbildung wiederholt sich die interne Struktur des Kristalls. Zwillinge können auf verschiedene Arten an- oder ineinanderwachsen.

ZWILLINGS-AMETHYST

KRISTALLSYSTEME

Gemäß der »Minimalsymmetrie« ihrer Prismenflächen, die ihrerseits von den Symmetrieachsen (die schwarzen Linien in den Diagrammen) abhängt, unterscheidet man sieben Kristallsysteme: kubisch, tetragonal, hexagonal, trigonal, rhombisch, monoklin und triklin. Beispiele mit Idealform siehe unten und rechts.

PYRIT

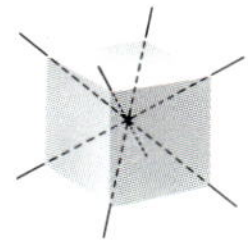

KUBISCH

Das kubische System zeigt mit drei gleich langen, senkrecht aufeinanderstehenden Achsen die höchstmögliche Symmetrie. Minimum sind vier dreifache Symmetrieachsen.

HEXAGONAL/ TRIGONAL

Diese Systeme (die manchmal zusammengefaßt werden) teilen dieselbe Symmetrieachse. Hexagonale Kristalle sind sechsfach, trigonale nur dreifach symmetrisch.

MILCHQUARZ

TETRAGONAL

Dieses Kristallsystem wird durch eine vierfache Achse charakterisiert. Typische Kristallformen sind vierseitige Prismen und Pyramiden, Trapezoeder und achtseitige Pyramiden.

ZIRKON

TOPAS

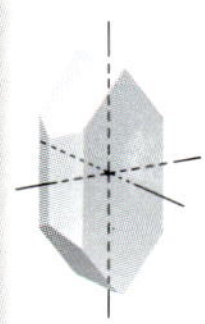

ORTHORHOMBISCH

Minimum sind hier drei zweifache Symmetrieachsen. Typische Kristallformen sind rhombische Prismen und Pyramiden mit basalen Pinakoiden sowie rhombische Doppelpyramiden.

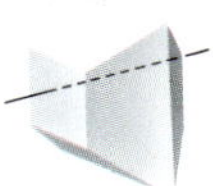

MONOKLIN

Das monokline Kristallsystem weist mit einer zweifachen Symmetrieachse das absolute Minimum auf. In diesem System findet man häufig Prismen mit

BRASILIANIT

TRIKLIN

Trikline, dreifach geneigte, Kristalle, besitzen keine Symmetrieachse. Die Schmucksteine dieser Gruppe weisen folglich die geringste Symmetrie auf.

AXINIT

Optische Eigenschaften

Die Farbe ist zwar das augenfälligste Merkmal eines Schmucksteines, in Wahrheit aber nur eine von vielen optischen Eigenschaften, die allesamt lichtabhängig sind. Die Kristallstruktur eines jeden Steines (siehe S. 18f) reagiert mit Licht auf einzigartige Weise und bestimmt so sein Aussehen. Hier sind die Effekte beschrieben, die durch den Stein hindurchfallendes Licht erzeugt. Reflexionsbedingte Erscheinungen werden auf S. 22f erläutert.

Was bedingt die Farbe?

Die Farbe eines Schmucksteines hängt vorwiegend davon ab, wie dieser das Licht absorbiert. Weißes Licht setzt sich aus allen Spektralfarben zusammen, und beim Auftreffen auf den Stein werden bestimmte Spektralfarben absorbiert. Die nicht absorbierten wandern durch den Stein hindurch und verleihen ihm seine Farbe. Jeder Schmuckstein besitzt einen einzigartigen Farb-»Fingerabdruck« (Absorptionsspektrum genannt), der jedoch nur mittels Spektroskop (siehe S. 38) sichtbar wird. Für das bloße Auge haben viele unterschiedliche Steine dieselbe Farbe.

LICHTBRECHUNG DURCH EIN PRISMA
Die Auffächerung weißen Lichtes in seine Spektralfarben heißt Dispersion. Ihr verdankt der Stein sein Feuer.

Allochromatische Steine

Allochromatische (fremdfarbige) Steine verdanken ihre Farbe bestimmten Spurenelementen oder anderen »verunreinigenden« Stoffen, die nicht Teil ihrer chemischen Grundformel sind. Korund zum Beispiel ist im Reinzustand farblos und wird durch Fremdsubstanzen (meist Eisenoxide) zum roten Rubin, blauen, grünen oder gelben Saphir oder zum orangerosa Padparadscha. Bei allochromatischen Steinen läßt sich die Farbe künstlich verstärken oder verändern.

RUBIN (ROTER KORUND)

REINER KORUND

SAPHIR (BLAUER KORUND)

Idiochromatische Steine

Die Färbung idiochromatischer (eigenfarbiger) Steine resultiert aus Substanzen, die wesentlicher Teil ihrer chemischen Zusammensetzung sind. Idiochromatische Schmucksteine zeigen deshalb normalerweise nur eine Farbe oder höchstens ein geringes Farbspektrum. Olivin beispielsweise ist immer grün, da diese Farbe von einem seiner Grundelemente (Eisen) herrührt.

PERIDOT

PERIDOT

Mehrfarbige Steine

Es gibt Kristalle, die aus verschiedenfarbigen Teilen bestehen. Die Farben (zwei, drei oder auch mehr) können innerhalb des Kristalls ungleichmäßig verteilt sein, aber auch mit bestimmten Wachstumszonen zusammenhängen. Die vielen Turmalin-Varietäten sind das anschaulichste Beispiel für Mehrfarbigkeit. Bis zu 15 unterschiedliche Farben oder Schattierungen treten in einem einzigen Turmalinkristall auf.

Die Farbzonen zweifarbiger Kristalle können klar abgegrenzt sein oder, häufiger, verschwimmen

Wassermelone (Turmalin)

Pleochroismus

Es gibt Schmucksteine, die aus unterschiedlichen Richtungen betrachtet verschiedene Farben zu zeigen scheinen. Amorphe oder kubische Steine weisen stets nur eine Hauptfarbe auf. Tetragonale, hexagonale und trigonale Steine können zwei Farben haben, sie sind dichroistisch. Erscheinen drei Farben (nur bei orthorombischen, monoklinen und triklinen Systemen), spricht man von Trichroismus.

Iolith (blaues Erscheinungsbild)

Der Iolith wirkt aus einer Richtung farblos, um 90 Grad gedreht aber blau.

Iolith (farbloses Erscheinungsbild)

Brechungsindex (BI)

Trifft ein Lichtstrahl auf die Oberfläche eines geschliffenen Schmucksteines, wird ein Teil des Lichts absorbiert, das meiste jedoch dringt ein. Dabei weichen die Strahlen von ihrem ursprünglichen Weg ab (werden »gebrochen«). Das Maß der Lichtbrechung innerhalb eines Steines heißt Brechungsindex (BI) und kann zusammen mit dem DI (siehe unten) zur Bestimmung der Art dienen.

Calcit zeigt mit seinem hohen DI deutlich zwei Bilder

Calcit

Die rückseitigen Facetten des Zirkons wirken aufgrund des hohen DI wie verdoppelt.

Doppelbrechung

Ein Blick durch ein Refraktometer zeigt, daß kubische Minerale wie Spinell nur eine Schattenkante aufweisen (einfach brechen), während doppelbrechende wie Turmalin das Licht in zwei Strahlen zerlegen und zwei Schattenkanten hervorrufen. Die Differenz ergibt den Doppelbrechungsindex (DI).

Spinell

Turmalin

GLANZ

Die Brillanz eines Schmucksteines, sein »Glanz«, wird durch die Art der Reflexion des Lichtes bestimmt, die wiederum mit der Oberflächenbeschaffenheit des Steins zusammenhängt. Normalerweise gilt: Je härter der Stein, desto höher die Lichtbrechung und damit der Glanz. Zur Beschreibung des Glanzes und seines Intensitätsgrades verwenden Gemmologen eine Reihe von Fachbegriffen. Steine, deren Glanz dem des Diamanten ähnelt, besitzen Diamantglanz und sind besonders begehrt. Am weitesten verbreitet ist der Glasglanz; bei Metallen spricht man von Metallglanz. Organische Substanzen können Wachsglanz, Perlmutterglanz oder Harzglanz tragen. Einige Steinarten weisen mehrere Glanzarten auf: Beim Granaten etwa reicht das Spektrum vom Harzglanz des Hessoniten bis zum Diamantglanz des Demantoiden – des wertvollsten unter den Granaten. Lazulith und Howlith tragen als Rohstücke erdigen Glanz, poliert aber Glasglanz. Nichtglänzende Steine bezeichnet man als matt

Hämatitkristalle, Pyrit und die Edelmetalle zeigen Metallglanz.

METALLGLANZ

Die exklusive Brillanz eines Diamanten ist durch Härte und eine bestimmte Schliffart bedingt.

DIAMANTGLANZ

Der glasartige Glanz des Rubins ist typisch für die meisten Schmucksteine.

GLASGLANZ

Wachsglanz kennen wir hauptsächlich vom Türkis.

WACHSGLANZ

Fettglanz wie bei dieser polierten Kaiserjade-Kugel ist vergleichsweise selten.

FETTGLANZ

Organische Schmucksteine wie diese Bernsteinkugel können je nach Substanz verschiedene Glanzarten aufweisen.

HARZGLANZ

Polierte, feinkörnige Gipssteinvarietäten tragen Seidenglanz.

SEIDENGLANZ

Besondere Lichteffekte

Flächenschimmer und Lichtfiguren beruhen auf Interferenzerscheinungen oder hängen damit zusammen, daß Licht an Strukturen (bzw. Fremdkörpern) im Steininneren reflektiert. Bei einigen Steinen führen sie zu einem fast vollständigen Regenbogenspektrum, bei anderen herrscht vielleicht nur eine Farbe vor. Beim Opal (Opalisieren) bedingt die Steinstruktur selbst die Interferenzen: Die Kugeln sind zu regelmäßigen dreidimensionalen Mustern angeordnet. Der daraus resultierende Effekt heißt Irisieren und tritt auch bei einer Reihe anderer Schmucksteine auf, etwa bei Hämatiten und Labradoriten. Der bläulichweiße Schimmer des Mondsteins wird durch Interferenzerscheinungen direkt unterhalb der Steinoberfläche verursacht. Die Gemmologen nennen dies Adularisieren, Opaleszieren oder einfach Schillern.

Mondstein zeigt einen bläulichweißen Schimmer.

Adularisieren

Lichtreflexe am Labradorit bedingen einen Regenbogeneffekt.

Irisieren

Labradorisieren

Irisierungserscheinungen innen im Labradoriten.

Hämatit präsentiert ein breites Farbspektrum.

Irisieren

Beim Opal dominieren Blau und Grün.

Opalisieren

Katzenaugen und Sterne

Wird ein Schmuckstein als Cabochon geschliffen, können verschiedene Einschlüsse (siehe S. 24f) das Licht so reflektieren, daß es zum Chatoyieren (Katzenaugeneffekt) oder zum Asterismus (Sternbildung) kommt. Parallel laufende Fasern bedingen Katzenaugeneffekt; liegen die reflektierenden Fasern in verschiedenen Richtungen, entstehen Sterne (zwei Fasern = vierzackiger Stern, drei Fasern = sechszackiger Stern usw.).

Der sechseckige Stern beruht auf der Reflexion von Licht an drei Rutilnadeln.

Sternsaphir

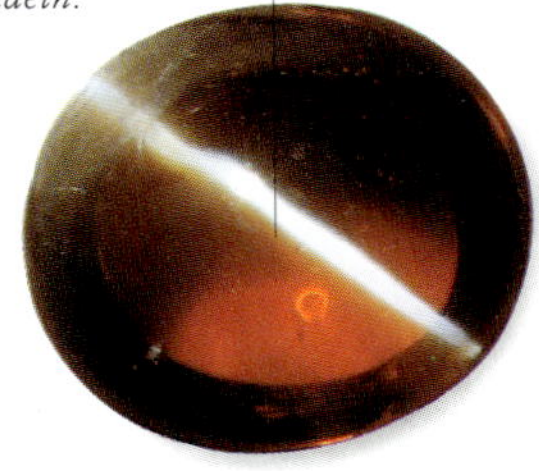

Parallel verlaufende Fasern im Inneren bedingen den Katzenaugeneffekt.

Chrysoberyll-Katzenauge

Natürliche Einschlüsse

Einschlüsse können Festkörper, Flüssigkeiten und Gase sein, die während des Kristallwachstums eingeschlossen wurden, aber auch Risse, die später entstanden und sich mit Fremdsubstanzen füllten. Früher galten Einschlüsse meist als Fehler, heute sieht man sie als interessante Eigenheiten an. Außerdem sind sie wertvoll, wenn es um die (Echtheits-) Bestimmung von Steinen geht, da einige nur in bestimmten Varietäten, andere nur in bestimmten Regionen vorkommen.

Bildung von Einschlüssen

Festkörpereinschlüsse sind in der Regel älter als ihr Wirtskristall, der um sie herum gewachsen ist. Es kann sich um bestimmte Kristalle, aber auch um amorphe Substanzen handeln. Feste und flüssige Einschlüsse, die gleichzeitig mit ihrem Wirt entstanden, sind in dessen atomare Struktur eingebunden. Für die Sterne bei Sternrubinen und -saphiren etwa sind feine Rutilnadeln verantwortlich, die sich parallel zu den Kristallflächen und gleichzeitig mit den Korundkristallen ihres Wirts entwickelten. Hohlräume, Risse oder Brüche, die sich nach der Bildung des Wirts mit anderen Substanzen füllten, führen zu federigen Einschlüssen.

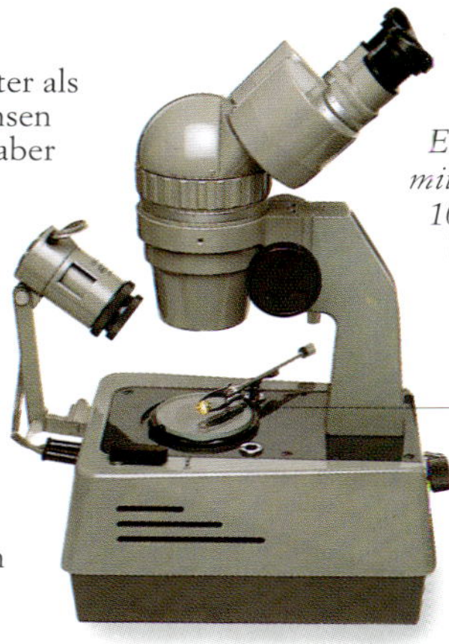

MIKROSKOP
Ein gutes Mikroskop mit Vergrößerungsfaktor 10 bis 40 ist zur Untersuchung von Einschlüssen unverzichtbar.

Ein Schmucksteinhalter ermöglicht die Untersuchung eines Steins von verschiedenen Seiten.

DIAMANT MIT GRANAT
Feste Einschlüsse können auch demselben Schmucksteintyp angehören wie ihr Wirt.

PERIDOT-»SEEROSE« (30FACH VERGRÖSSERT)
Einschlüsse wie Seerosenblätter sind ein typisches Merkmal für Peridot aus Arizona. Sie bestehen aus einem von Flüssigkeitströpfchen umgebenen Chromitkristall.

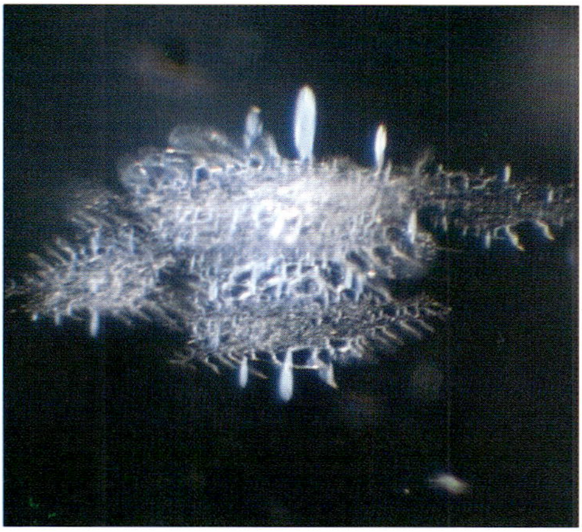

MONDSTEIN-»TAUSENDFLÜSSLER«

Diese im Mondstein häufigen, insektenähnlichen Einschlüsse (35fach vergrößert) sind nur spannungsbedingte parallele Risse.

INSEKT IN BERNSTEIN

Zuweilen findet man in Bernstein Insekten, die vor Jahrtausenden von dem Harz eingeschlossen wurden. Auch in einige Imitate werden Insekten eingefügt.

RUTILNADELN

Dieser zu einem Flakon gearbeitete Bergkristall enthält nadelfeine Rutilkristalle. Auch Turmalin und Gold findet man in Bergkristall.

ALMANDIN-GRANAT

Bei 45facher Vergrößerung erweist sich der graue Fleck links als runder Apatit-Einschluß. Die leuchtenden Interferenzfarben rechts verdankt der Granat einem Zirkonkristall.

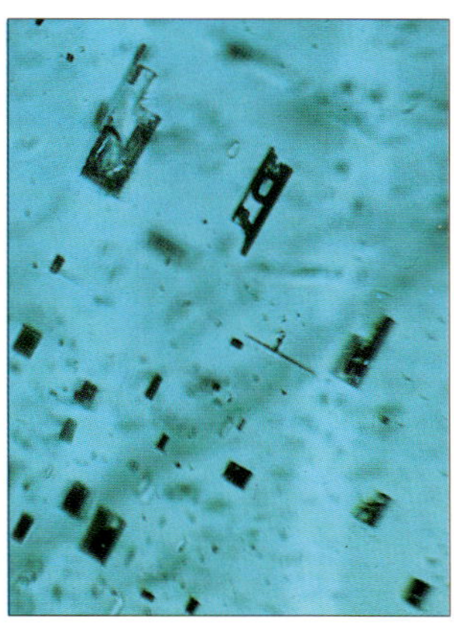

SMARAGD

In indischen Smaragden findet man oft rechteckige Hohlkörpereinschlüsse.

Facettenschliff

Die häufigste Technik der Schmucksteinbearbeitung besteht darin, die Oberfläche in eine Vielzahl kleiner Flächen zu unterteilen, die Facetten. So erhält der Stein seine Form oder seinen »Schliff«. Der Edelsteinschleifer wird sich bemühen, jedem Stein die Gestalt zu verleihen, die seine Farbe und Klarheit am besten zum Ausdruck bringt. Je präziser die Facetten, desto brillanter das Feuer. Die blauen Diagramme rechts zeigen die beliebtesten Schliffarten.

Facettieren eines Steins

Die Bearbeitung eines Edelsteins erfolgt in mehreren Schritten, die oft von verschiedenen Fachleuten ausgeführt werden. In unserem Beispiel wird ein Rohdiamant zu einem Brillanten geschliffen. Dies ist der beliebteste Schliff für diesen Stein, weil er dessen natürliche Brillanz am schönsten zur Geltung bringt.

Da jeder Stein seine eigene Form und auch seinen eigenen Makel hat und manchmal ein bestimmtes Gewicht erhalten werden soll, wird das Ideal nicht immer erreicht. Wichtigstes Kriterium bei der Bearbeitung ist normalerweise jedoch, dem Diamanten »Feuer« zu verleihen. In Hinblick auf dieses Ziel werden Größe, Anzahl und Winkel der Facetten mathematisch präzise errechnet. Der Rohkristall wird nun so zerteilt, daß ein Werkstück in brauchbarer Größe entsteht, und dann mittels anderer Diamanten zu einer Rundform geschliffen. Es folgt das Facettieren in verschiedenen Arbeitsgängen, und vor dem Fassen wird der Stein ein letztes Mal sorgfältig poliert.

ROHSTÜCK
Rohdiamant wird zum Facettieren ausgewählt.

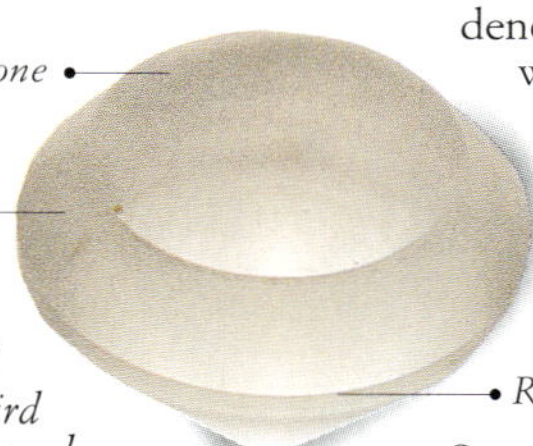

SCHNITT
Spitze wird gekappt, und Stein mittels anderer Diamanten gerundet.

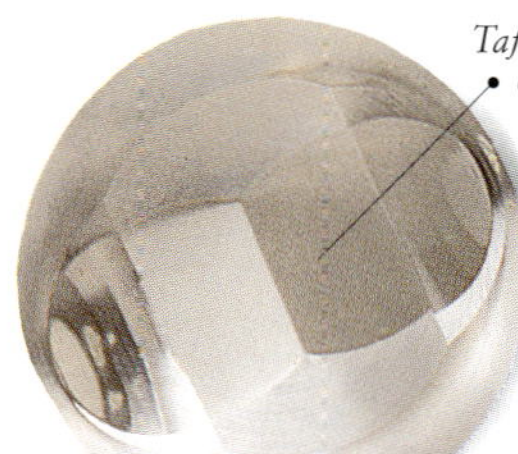

SCHLIFF
Die mittlere Facette (Tafel) wird zuerst geschliffen.

OBER- UND UNTERTEIL
Weitere Facetten folgen in bestimmter Reihenfolge: zunächst Sternfacetten und Obere Rondistenfacetten auf der Krone, dann die Unteren Rondistenfacetten und die Unterteil-Hauptfacetten auf dem Pavillon (Unterteil).

FEINSCHLIFF
Es werden noch weitere Facetten hinzugefügt, 24 oberhalb und 16 unterhalb der Rondiste.

FASSEN
Nach dem letzten Polieren wird der Stein in Edelmetall gefaßt.

Brillantschliff

Der Brillantschliff ist bei Diamanten und anderen farblosen oder durchsichtigen Steinen üblich. Er sorgt dafür, daß durch die Krone möglichst viel Licht reflektiert wird und somit größtmögliche Lichtausbeute und Brillanz erscheinen. Variationen sind Oval, Birnkernform (Pendeloque) und Weberschiffchenform (Navette).

Saphir im Brillantschliff

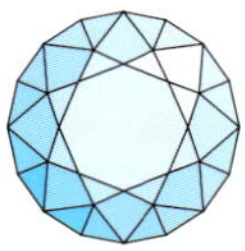

Rund

Oval

Lichtsprühendes Feuer

Goldringe aus dem Hause Cartier, besetzt mit Diamanten, Saphiren, Rubinen und Smaragden in verschiedenen Schliffarten.

Treppenschliff

Bei dieser Schliffart, die sich durch eine rechteckige oder quadratische Tafel und mehrere Treppen mit horizontal verlaufenden Kanten definiert, kommen die Vorzüge vieler Farbsteine am besten zur Geltung. Oft werden die Ecken abgeschliffen, so daß Achtecke oder Ovale entstehen.

Spessartin im achteckigen Treppenschliff

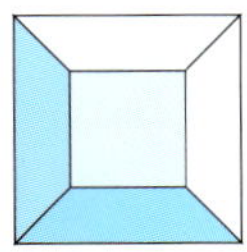

Tafelschliff

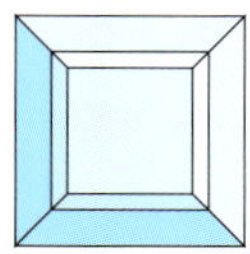

Quadrat

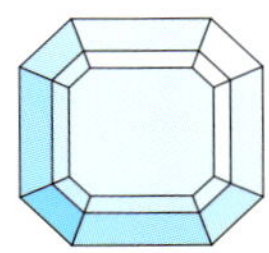

Achteck

Baguette

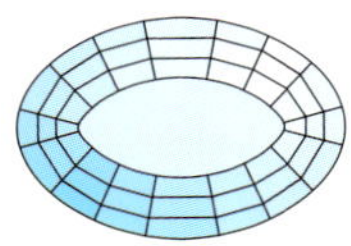

Oval

Gemischter Schliff

Beim gemischten Schliff ist die Vorderseite mugelig (d. h. glatt) und die Rückseite facettiert geschliffen oder umgekehrt. Zuweilen wird diese Bezeichnung auch für die Kombination von Brillant- und Treppenschliff benutzt. Bevorzugt für Saphire, Rubine und andere durchsichtige Steine.

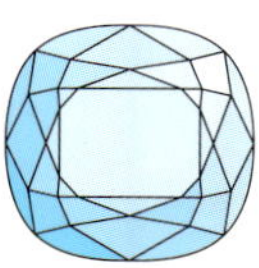

Antik

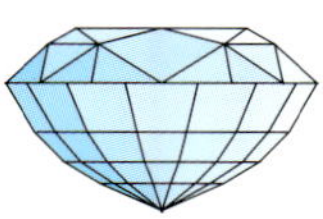

Ceylonschliff

Peridot in gemischter Schliffart

Phantasieformen

Je nach Rohform können sich ausgefallene Schliffformen anbieten – Dreieck, Herz, Trapez, Tonne, Wappen etc. etc. Besonders bei kostbaren Steinen versucht man so, den Schleifverlust möglich gering zu halten.

Heliodor in Herzform

Pendeloque

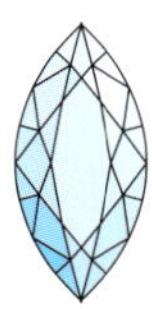

Navette

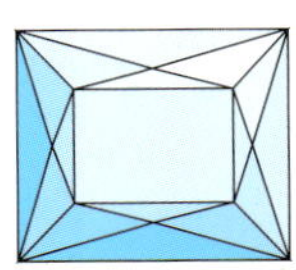

Scherenschliff

Schleifen, Schneiden und Gravieren

Als massive, mikrokristalline Gesteine und organische Substanzen lassen sich Schmucksteine schleifen, schneiden und gravieren. Die älteste Form der Steinbearbeitung ist das Schleifen. Beim Schneiden fertigt man aus größeren Rohstücken Ziergegenstände und Kleinplastiken, während durch Gravur Gemmen entstehen, die vertieft (Intaglio) oder erhaben (Kamee) gearbeitet sind. Das Werkzeug muß dabei härter sein als das zu bearbeitende Material.

Schleifen

Seine glänzende Oberfläche erhält ein Stein durch Schleifen — indem man ihn gegen feinen Sand oder einen anderen Stein reibt. Für dunkle sowie milchige und opake Schmucksteine wie Opal oder Türkis wählt man, genau wie für organische Substanzen, normalerweise keinen Facetten-, sondern einen Glattschliff. Man unterscheidet zwei Hauptformen: Der Tafelschliff ist oben und unten eben, beim Cabochon ist das Oberteil rundlich kugelig, die Unterseite eben oder flach gewölbt.

POLIERTER BRUCHSTEIN

Kleine Schmuckstein-Bruchstücke ähnlicher Härte werden in einer Schleiftrommel (rechts) auf Hochglanz geschliffen (links).

Die Trommel enthält groben Sand und Schleifpulver.

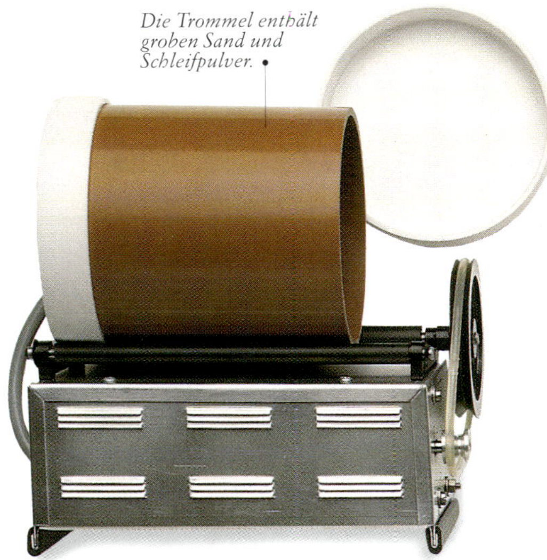

MOTORBETRIEBENE SCHLEIFTROMMEL

Steinschnitt

Schon im frühen Altertum fertigte man in Ägypten, Babylon und China aus Schmucksteinen bis zu Mohshärte 7 Ornamente und dekorative Objekte. Unreiner Korund (Schmirgel) wurde in Indien geschnitten und graviert. Heute benutzt man einen kleinen Meißel oder arbeitet an einer Drehbank. Beliebte Ornamentsteine sind Serpentin, Blue John (blaugebänderter Fluorit), Malachit, Azurit, Rhodonit und Rhodochrosit.

CHINESISCHE STEINSCHNEIDEKUNST

Die ältesten in China gefundenen handbearbeiteten Steine datieren aus dem Neolithikum. Kostbarstes Material war damals importierte Nephrit-Jade, aus der noch heute Gegenstände wie diese Miniaturpagode gefertigt werden.

GRAVIEREN

Als Steingravur bezeichnet man gewöhnlich die Verzierung eines Schmucksteines mit vertieften oder erhabenen Mustern und Motiven, die mit Präzisionswerkzeugen ein- oder herausgearbeitet werden. Kameen und Intaglien dürften die am weitesten verbreiteten Steingravurarten sein. Bei der Kamee wird das Bild (häufig ein Menschenkopf im Profil) als Flachrelief geschnitten, d.h., der Hintergrund tritt räumlich hinter der Darstellung zurück. Genau umgekehrt ist es beim Intaglio, wo das Bildwerk vertieft in den Stein eingefräst bzw. aus dem Stein herausgestemmt wird. Intaglien erfreuten sich besonders im klassischen Altertum großer Beliebtheit.

GOLDGRAVUR

In die Oberfläche von Gold und anderen Edelmetallen lassen sich mit Hilfe eines Stichels dekorative Muster eingravieren.

und finden auch als Siegel Verwendung. Eine neue Blütezeit erlebten Gemmen während der Renaissance, als sie in europäischen Adelskreisen als Geschenk geschätzt wurden. Die meisten Gemmen werden aus Lagensteinen gefertigt (Kameen vorwiegend aus Onyx und Sard-Onyx); ebenfalls geeignet sind Bergkristall, Amethyst, Citrin, Beryll, Peridot, Granat, Lapislazuli und Hämatit sowie organische Substanzen (etwa Elfenbein und Gagat).

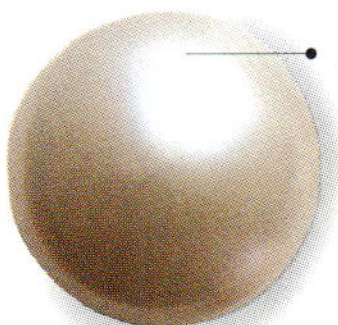

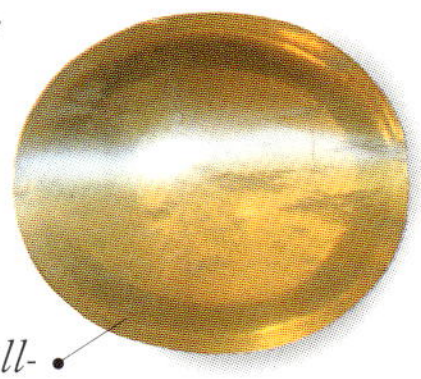

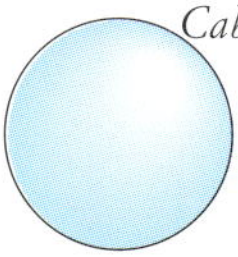

KUGEL

Runde Juwelen wie etwa Perlen kann man durchbohren und zu Ketten aufreihen.

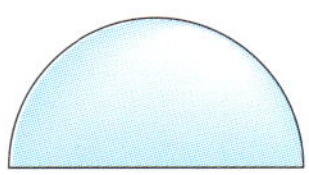

CABOCHON

Schlichte Glattschliffart, optimal für opake und durchscheinende Steine.

STEINSCHNITT

Das Kameesymbol steht in diesem Buch für Steinschnitte und Gemmen.

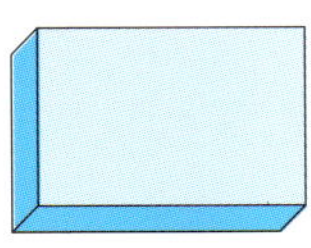

TAFELSCHLIFF

Steine mit glattgeschliffener Oberfläche werden zu Dekorationen verwendet.

MODERNES DESIGN

Dieses Citrinprisma bildet ein wunderschönes Beispiel für die Kreativität und die handwerkliche Geschicklichkeit moderner Schmuckdesigner. Bernd Munsteiner, der dieses Stück geschaffen hat, benutzt konventionelle Schneidarten, um Juwelen in Plastiken von klassisch-moderner Schönheit zu verwandeln. Munsteiner arbeitet in Idar-Oberstein, das heute – zusammen mit Hongkong – als bedeutendstes Zentrum der Steinschneidekunst gilt.

GRAVIERTER CITRIN

Juwelen im Wandel der Zeiten

Immer und überall sind Menschen ihrem natürlichen Instinkt gefolgt, schöne und wertvolle Dinge zu sammeln, und haben edle Steine – von Perlen bis zu Saphiren – dazu benutzt, sich damit zu schmücken. Heute steht dem, der es sich leisten kann, das gesamte Spektrum aller Edelsteine unserer Erde zur Verfügung. Es gibt mehr Fördergebiete als jemals zuvor, und die Schmuckindustrie entwickelt sich fortwährend weiter. Die besondere Anziehungskraft der Steine – ihre Schönheit und Seltenheit – ist freilich dieselbe wie eh.

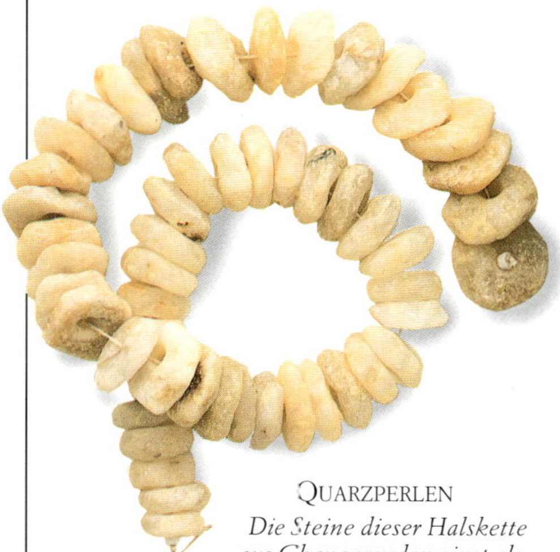

QUARZPERLEN

Die Steine dieser Halskette aus Ghana wurden einst als Zahlungsmittel benutzt.

ERSTE NUTZANWENDUNG

Schmucksteine wurden von Anfang an sowohl ihrer Widerstandsfähigkeit als auch ihrer Schönheit wegen geschätzt. Daß ihr Aussehen eine Rolle spielte, zeigt sich zum Beispiel an dem aufwendig verzierten Obsidian-Beil aus der Steinzeit (unten). Verschiedene prähistorische Kulturen schätzten manche Juwelen sogar ausschließlich zu Dekorationszwecken. Zwar primitiv, tragen diese Schmuckstücke vielfach auch Bemalungen. Darüber hinaus führte ihre Seltenheit dazu, daß sie vielerorts als Zahlungsmittel dienten.

OBSIDIAN-BEIL

Aus dem natürlichen Vulkanglas Obsidian, das äußerst scharfe Bruchkanten aufweist, wurden Werkzeuge und Waffen gefertigt.

FRÜHE SAMMLER

Die ersten Edelsteinsammler verdankten ihre Funde allein einem scharfen Blick. In Birma hat man Stöcke, primitive Schaufeln und Flechtkörbe aus der Steinzeit entdeckt, die darauf schließen lassen, daß man dort schon vor Tausenden von Jahren mit fast denselben Methoden Rubine förderte, wie sie noch heute angewandt werden. Auf Zeugnisse höher entwickelter Techniken – verlassene Minen und Schächte etwa – trifft man im Ural, an der Mittelmeerküste und vielen anderen Orten mit größeren Schmucksteinvorkommen.

SMARAGD IN KALKSTEIN

Smaragde zählten schon immer zu den begehrtesten Steinen. Die ältesten bekannten Minen (in Ägypten) datieren aus dem 2. vorchristlichen Jahrtausend.

ANTIKER SCHMUCK

Aus der Zeit vor 1700 sind nur sehr wenige Schmuckstücke erhalten. Die wahrscheinlich schönsten stammen aus dem alten Ägypten, wo vorwiegend Türkis, Lapislazuli und Karneol in Gold gefaßt wurden. Sie belegen die hohe Kunst ägyptischer Goldschmiede: Das Gold ist wunderbar verarbeitet, und die Steine sind kunstvoll geschliffen – vermutlich mittels Silikatsand, einer Technik, die auch die Chinesen seit der Antike kannten. Die Römer entwickelten vor allem die Kunst des Steinschneidens weiter. Im Mittelalter ging die Kunst der Schmuckherstellung weithin verloren, und zur Zeit der Gotik beschränkte man sich auf einfache Stücke wie Spangen und Schnallen.

IN JUWELEN GEKLEIDET

Zu allen Zeiten haben Hochkulturen Juwelen als Schmuck verwendet. Diese Miniatur (spätes 18. Jh.) zeigt eine Inderin mit kostbaren Halsketten, Ohrringen, Armreifen und Amuletten.

NIX

Für diesen kunstvollen Anhänger (typisch 16. Jh.) wurden Barockperlen, Diamanten und Rubine in Gold gefaßt verwendet.

MODERNE BROSCHE

Auch der Schmuck hat viele Moden mitgemacht – vom Barock über Rokoko, Empire und den Jugendstil bis zur klassischen Moderne.

BIS ZUR GEGENWART

Mit der Entdeckung Amerikas weitete sich der europäische Edelsteinhandel aus – die Goldschmiede und Juweliere des 16. und 17. Jahrhunderts bekamen Steine aus aller Welt auf ihre Werkbänke. Der wachsende Wohlstand einer breiteren Bevölkerungsschicht, vor allem der Kaufleute, ließ den Bedarf an Schmuck steigen, und erstmals wurden Diamanten modern. Heute nimmt die Nachfrage nach erschwinglichen Juwelen weiter zu, und immer mehr verschiedene Steinarten finden den Weg ins Schmuckkästchen.

Geschichte und Volksglauben

Um kostbare Edelsteine ranken sich viele Mythen und Legenden. Einige berichten von verfluchten Steinen, andere sprechen ihnen Heilkräfte und glückbringende Wirkung zu. Mit mancher berühmten historischen Kostbarkeit verbinden sich Geschichten, die diese durch die Jahrhunderte begleitet haben. Einige, deren Spuren sich längst verloren, leben in grausigen Mythen fort. Zahlreiche Minen gelten als verflucht – wahrscheinlich ein Zweckgerücht, das die jeweiligen Besitzer in Umlauf brachten, um unerwünschte Prospektoren fernzuhalten. In Birma etwa, wo alle Edelsteine dem Herrscherhaus gehörten, schürte man aus gutem Grund den Glauben, daß, wer einen Stein aus einer Mine mitnähme, verflucht sei.

TOTENMASKE
Mit Türkis verzierte aztekische Totenmaske

PERUANISCHE GOTTHEIT
Dieses Zeremonialmesser aus Peru besteht aus Gold mit Türkisen. Der Griff stellt eine Gottheit dar.

DAUMENSCHUTZ
Dieser rubinbesetzte Ring (17. Jh.) sollte beim Abschießen der Pfeile den Daumen des Bogenschützen schonen.

BLICK IN DIE ZUKUNFT
Schon die alten Griechen und Römer benutzten Kristallkugeln, um Einblick in zukünftige Ereignisse zu gewinnen. Der Umstand, daß makellose Bergkristallstücke dieser Größe äußerst selten sind, erhöht deren Mystik. Die Wahrsagerin blickt in die Kugel und liest aus dem verschwommenen Bild die Zukunft.

Japanische Drachen tragen eine Kugel aus Bergkristall.

KRISTALLKUGEL

GLÜCKSSTEINE

Der Volksglaube hat jedem Monat einen eigenen Stein zugeordnet, der den unter seinem »Einfluß« geborenen Menschen besonders viel Glück bringen soll. Diese Vorstellungen beruhen vermutlich auf dem altertümlichen Glauben, daß die Edelsteine vom Himmel gefallen seien. Viele Kulturen verbinden bestimmte Edelsteine auch mit den Tierkreiszeichen, doch ist die Zuordnung von Land zu Land unterschiedlich, was möglicherweise mit dem Vorkommen der Steine oder regionalen Traditionen zusammenhängt. Die Mode, seinen »Geburtsstein« als Schmuckstück zu tragen, kam im 18. Jahrhundert in Polen auf und hat sich über die ganze Welt verbreitet.

JANUAR
(GRANAT)

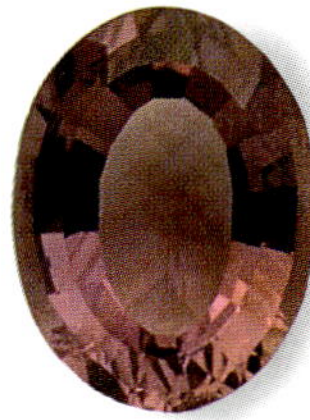

FEBRUAR
(AMETHYST)

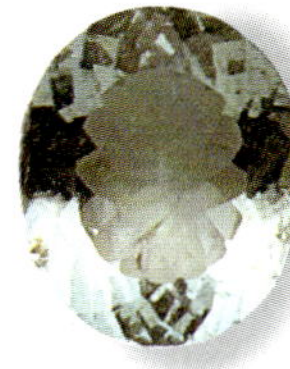

MÄRZ
(AQUAMARIN)

APRIL
(DIAMANT)

MAI
(SMARAGD)

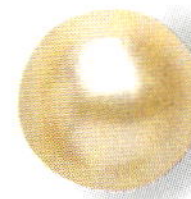

JUNI
(PERLE)

JULI
(RUBIN)

AUGUST
(PERIDOT)

SEPTEMBER
(SAPHIR)

OKTOBER
(OPAL)

NOVEMBER
(TOPAS)

DEZEMBER
(TÜRKIS)

TIERKREISZEICHEN

Dieser Bergkristall trägt auf zwölf fünfeckigen Feldern die eingravierten Symbole des Tierkreises.

HEILKRAFT DER KRISTALLE

Der Glaube an die heilende Kraft der Edelsteine reicht weit in die Vergangenheit zurück, wie die Rituale der Schamanen mancher Naturvölker bezeugen. Moderne Edelsteintherapeuten sprechen jedem Stein eigene Heilkräfte zu, die bestimmte Teile des Körpers günstig beeinflussen können. Fällt von den Steinen reflektiertes Licht auf einen Energiepunkt des menschlichen Körpers, wird es, so heißt es, von diesem absorbiert und spendet dadurch Kraft.

BERGKRISTALL

Ihrer Klarheit wegen werden Bergkristalle häufig therapeutisch verwendet.

KRISTALLANHÄNGER

Auf der Haut getragenen Edelsteinen werden Heil- und Schutzwirkungen zugeschrieben.

Synthetische Edelsteine

Synthetische Edelsteine (Synthesen) wachsen nicht im Gestein, sondern werden im Labor erzeugt. Da sie dieselbe chemische Zusammensetzung und Kristallstruktur wie ihre natürlichen Vorbilder besitzen, entsprechen sie diesen weithin in ihren physikalischen und optischen Eigenschaften. Daß man sie in der Regel dennoch von echten Steinen unterscheiden kann, hängt mit den Einschlüssen zusammen. Die meisten Synthesen werden für Industriezwecke genutzt.

Herstellung synthetischer Steine

Schon im Altertum versuchte man die kostbaren Edelsteine nachzubilden, doch erst 1877 glückte es dem französischen Chemiker Edmond Frémy, größere Kristalle von Edelsteinqualität zu züchten (siehe rechts unten). Um 1900 entwickelte dann August Verneuil sein Verfahren zur Herstellung künstlichen Rubins. Leicht modifiziert, findet das Verneuil-Verfahren noch heute Anwendung. Dabei wird der feingepulverte Rohstoff in einem Ofen bis zum Schmelzpunkt auf über 2000 °C erhitzt. Die entstehenden Tropfen fallen auf einen Sockel und kristallisieren dort aus. Nach Entfernen des Sockels bleibt ein länglicher Kristall, Schmelzbirne genannt, der dann in Form geschliffen wird.

FRÉMY-VERFAHREN

Nach dem vom gleichnamigen französischen Chemiker entwickelten Verfahren produziert man noch heute künstliche Smaragde. Der feinpulvrige Rohstoff wird geschmolzen und in einem Tiegel mit Flüssigkeit vermischt. Das Material muß monatelang unter hohen Temperaturen lagern und dann sehr langsam abkühlen.

SYNTHETISCHER SMARAGD (FRÉMY-VERFAHREN)

SCHMELZ-TROPF-VERFAHREN

Beim Verneuil-Verfahren wächst synthetischer Korund zu einer sogenannten »Schmelzbirne« heran. Er hat dieselbe Struktur wie ein natürlicher Kristall und läßt sich in Form schleifen.

KORUND-SCHMELZBIRNEN

EDMOND FRÉMY

Frémy, dem es als erstem gelungen war, künstliche Smaragde in Edelsteingröße herzustellen, züchtete später aus Aluminiumoxid und Chrom auch Rubinkristalle.

FARBEN UND FORMEN

Aufgrund ihrer Entstehung im Labor weisen synthetische Steine in Farbe und Form manchmal geringe Abweichungen auf, anhand derer man sie von ihren natürlichen Vorbildern unterscheiden kann. Im Verneuil-Verfahren hergestellter Korund etwa zeigt geschwungene Wachstumslinien, wenn die Rohstoffe nicht gleichmäßig gemischt waren. Einige Synthesen leiden auch unter ungleichmäßiger Farbverteilung. Verneuil-Spinell kommt zuweilen als Rubin, Saphir, Aquamarin, blauer Zirkon, Turmalin, Peridot oder Chrysoberyll auf den Markt.

SYNTHETISCHER SPINELL

Gefärbter synthetischer Spinell (oben) wirkt meist echter als ein Verneuil-Rubin (links).

CHARAKTERISTISCHE EINSCHLÜSSE

Synthetische Steine weisen andere Einschlüsse auf als natürlich gewachsene, weshalb man mit Mikroskop oder Lupe (unten) oft die Echtheit bestimmen kann. Synthetische Einschlüsse hängen manchmal mit dem Herstellungsverfahren, manchmal auch mit einer bestimmten Steinart zusammen. In Verneuil-Rubinen findet man klar definierte Gasbläschen, während Schmelzfluß-Smaragde (rechts) einen charakteristischen »Schleier« ausbilden.

GILSON-SCHMELZFLUSS-SMARAGD

GILSON-SMARAGD MIT EINSCHLÜSSEN

Smaragde des französischen Herstellers Gilson weisen schleierartige Einschlüsse auf. Die Steine werden im Schmelzflußverfahren aus minderwertigem Material hergestellt.

LUPE

Selbst mit der Handlupe lassen sich Edelsteine bestimmen. Die zehnfache Vergrößerung reicht häufig aus, um zwischen natürlichen und synthetischen Einschlüssen zu unterscheiden.

GILSON-EDELSTEINE

Lapislazuli, Türkis und Koralle aus dem Werk des französischen Erzeugers Gilson ähneln zwar ihren natürlichen Gegenstücken, sind aber keine richtigen synthetischen Edelsteine, da ihre optischen und physikalischen Eigenschaften von denen natürlicher Steine abweichen. Gilson-Lapislazuli etwa ist poröser und hat ein geringeres spezifisches Gewicht.

GILSON-TÜRKIS

GILSON-LAPISLAZULI

GILSON-KORALLE

Imitat und Veredelung

Imitierte Schmucksteine sehen genauso aus wie ihre natürlichen Gegenstücke, weichen in ihren physikalischen Eigenschaften jedoch von diesen ab. Sie sind dezidiert zur Täuschung gedacht. Neben Materialien wie Glas und synthetischem Spinell werden auch künstlich veränderte natürliche Steine als Imitate verkauft: Risse und Makel lassen sich vertuschen, Farbe und Aussehen durch Erhitzen oder Bestrahlung abwandeln oder intensivieren.

Imitate aus Glas

Schon früh versuchte man, Edelsteine aus Glas nachzubilden. Glas kann, durchsichtig oder opak, in fast allen Farben hergestellt werden und besitzt wie viele Schmucksteine Glasglanz. Auf den ersten Blick vermag es also durchaus echt zu wirken. Typisch für Glas-Imitate sind Kratzer und angeschlagene Kanten (geringere Härte), schlieren- und bläschenförmige Einschlüsse. Außerdem ist es im Gegensatz zu den meisten seiner natürlichen Vorbilder einfach brechend und fühlt sich für einen Kenner auch anders – wärmer – an.

Glas-»Rubin«

Fast jeder durchsichtige Edelstein läßt sich aus Glas imitieren.

Glasimitate enthalten oft künstliche Einschlüsse.

Schneeartige Einschlüsse in Glas

Opal-Imitate

Gemmologen bezeichnen das buntfarbige Schillern des Opals als »Farbspiel« oder »Opalisieren«. Dieser Flächenschimmer resultiert daraus, daß sich das Licht an winzigen, in Kieselgel eingelagerten Mineralkugeln bricht. Die Opal-Imitate aus den französischen Gilson-Werken ahmen diese Struktur nach, sind jedoch an den mosaikartigen Rändern der Farbflächen zu erkennen (siehe S. 135). Andere Opal-Imitate bestehen aus Polystyrol oder werden künstlich zusammengesetzt. Bei einer Opal-Dublette wird ein (dünnes) Oberteil aus Edelopal auf ein Unterteil aus Gemeinem Opal, Glas oder Chalcedon geklebt. Tripletten weisen darüber hinaus noch eine schützende Schicht aus Bergkristall auf.

Gilson-Opal

»Opal« aus Polystyrol

Slocum-Steine

Der Amerikaner John Slocum entwickelte Opal-Imitate mit überzeugendem Farbspiel, doch fehlen diesen die seidigen Farbflächen des Edelopals, und unter dem Mikroskop wirkt die Struktur wie »zerknittert«.

DUBLETTE

Einer der gängigsten »zusammengesetzten« Steine (Steine, die aus mehr als einem Teil bestehen) ist die Dublette aus Granat und Farbglas. Bei solchen Granat-Dubletten wird eine dünne Edelsteinlage auf Farbglas geklebt, das der Dublette die gewünschte Farbe verleiht. Erkennbar wird die Täuschung an der Nahtstelle, die deshalb oft in der Fassung verborgen wird.

GRANATDUBLETTE

DUBLETTEN-MAKEL
Farb- und Glanzveränderungen an der Verbindungsstelle

DIAMANT-IMITATE

Diamanten werden aus verschiedensten Materialien nachgeahmt. Am überzeugendsten wirken Imitate aus Zirkon. Es gibt auch synthetische Diamanten, die jedoch Fehler aufweisen (rechts). Die Echtheit prüft man meist durch Bestimmung der Wärme-Leitfähigkeit.

YTTRIUM-ALUMINIUM-GRANAT (YAG)

ZIRKON

STRONTIUM-TITANAT

WÄRMEBEHANDLUNG

Verschiedene Schmucksteine verändern sich in Farbe und Klarheit, wenn man sie hohen Temperaturen aussetzt. Die Techniken reichen vom »Kochen« eines Steins über offener Flamme bis zu wissenschaftlich ausgefeilten Methoden. Die Resultate sind unterschiedlich. Aquamarin zum Beispiel wird grün.

BRAUNER ZIRKON, DURCH HITZE GEBLÄUT

FÄRBEN

Natürliche oder chemisch hergestellte Färbemittel können das Aussehen eines Steins wesentlich beeinflussen. Überzeugend färbbar sind nur poröse Steine oder solche, bei denen Risse und Spalten ein Eindringen der Farbe ermöglichen. Poröser weißer Howlith etwa läßt sich gut in Türkisblau einfärben.

GEFÄRBTER HOWLITH

BESTRAHLUNG

Unter Bestrahlung ändern einige Schmucksteine ihre Farbe. Die Strahlung kann von natürlichen radioaktiven Elementen in der Erdkruste oder von einer künstlichen Quelle ausgehen. Während natürliche Strahlung über Jahrmillionen hinweg einwirkt, müssen im Labor mehrere Stunden genügen, um die Steinfarbe zu verändern. Dies führt dazu, daß die bestrahlten Steine manchmal wieder verblassen. Viele Effekte lassen sich durch Wärmebehandlung modifizieren oder verstärken.

AUFGEHELLTER, HITZEBEHANDELTER TOPAS

ÖLEN

Öl kann die Farbe eines Steines intensivieren und auch kleinere Risse und Makel vertuschen. Bei Smaragden ist es üblich, die natürlichen Spalten mit Öl zu füllen.

GEÖLTER SMARAGD

Schmucksteinbestimmung

Bei der Edelsteinbestimmung wird der Gemmologe das zu prüfende Stück anfassen, gründlich betasten und von allen Seiten betrachten. So bestimmt er das Erscheinungsbild: Glanz, Farbe und viele andere Eigenschaften. Mit der Handlupe (siehe S. 35) sucht er dann nach Kratzern oder anderen Unebenheiten in der Oberfläche, die die Härte des Steines indizieren. Auch charakteristische Einschlüsse spielen eine wesentliche Rolle. Um Synthesen oder Imitate zu entlarven, können darüber hinaus jedoch weitere Tests nötig sein.

RUBIN

ROTER GRANAT

ROTES GLAS

SPEKTROSKOP

Viele Steine weisen zwar dieselbe Farbe auf, zeigen unter dem Spektroskop (oben) aber deutliche Unterschiede, da jeder Edelstein sein charakteristisches, Absorptionsspektrum (links) zeigt.

FARBSCHLÜSSEL

Diese Tabelle ordnet alle Schmucksteine in sieben Farbkategorien ein (innerhalb einiger Arten kommen Farbvarietäten vor, die z.T. ohne Abbildung erwähnt sind). Jede Kategorie unterscheidet wiederum in Steine, die die eine Farbe stets, vorwiegend oder nur mitunter aufweisen.

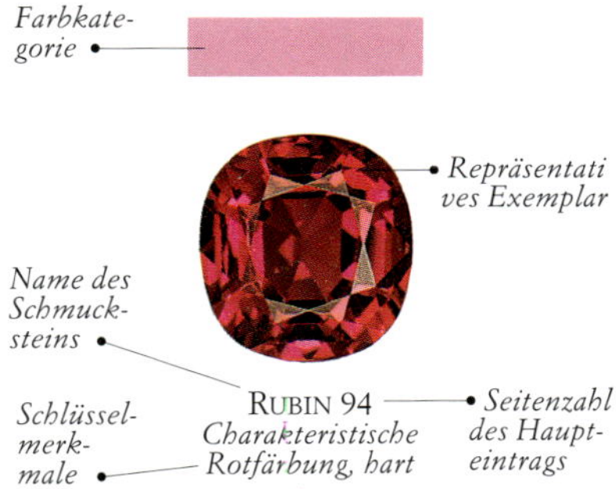

FARBLOSE SCHMUCKSTEINE

STETS FARBLOS

HAMBERGIT 115
Sehr vollkommene Spaltbarkeit Starke Doppelbrechung

PHENAKIT 98
Bei gutem Schliff silbriger Glanz

ALBIT 130
Glasglanz bis Permutterglanz

GOSHENIT 77
Häufig spitze Einschlüsse

BERYLLONIT 118
Kein Feuer, weich, spröde

BERGKRISTALL 81
Glasglanz, durchsichtig

PETALIT 129
Glasglanz, durchsichtig

DATOLITH 129
Anflug von Gelb, Grün oder Weiß

ACHROIT 102
Sehr selten

ÜBERWIEGEND FARBLOS

SCHEELIT 70
Recht weich, gutes Feuer, selten

CÖLESTIN 105
Weich, wird nur für Sammler geschliffen

DIAMANT 54
Diamantglanz, gutes Feuer

DANBURIT 110
Anflug von Gelb/Rosa, kein Feuer

CERUSSIT 105
Diamantglanz, hohe Dichte, weich

MITUNTER FARBLOS

DOLOMIT 99
Weich, Glas- bis Perlmutterglanz

EUKLAS 129
Selten, schwarze Mineraleinschlüsse

MONDSTEIN 123
Opalisierend, bläulich-weißer Schimmer

FARBLOSER ORTHOKLAS 122
Dreifach vollkommen spaltbar

SKAPOLITH 71
Selten, Glasglanz

FLUORIT 66
Weich, kein Feuer, Hämatit-Einschlüsse

ZIRKON 72
Diamantglanz, gutes Feuer

SAPHIR 96
Selten, hohe Dichte, extrem hart

APATIT 79
Recht weich

WEITERE SCHMUCKSTEINE:
ENSTATIT 111
GROSSULAR 61
TOPAS 106

ROTE ODER ROSA SCHMUCKSTEINE

STETS ROT ODER RCSA

ROSENQUARZ 83
Trüb, charakteristische rosa Farbe

KUNZIT 120
Starker Pleochroismus, vollkommene Spaltbarkeit

MORGANIT 78
Charakteristische Farbe, hart

THULIT 116
Typische Farbzusammenstellung, derb

ROSA GROSSULAR 60
Charakteristische Farbe, feinkörnig, opak

TUGTUPIT 74
Opak, manchmal gesprenkelt, derb

RHODOCHROSIT 100
Feinkörnig, gebändert; auch klar, facettiert

RHODONIT 132
Schwarze Äderung in derber Masse

ROTER BERYLL 78
Extrem rar, wird selten geschliffen

RUBIN 94
Charakteristische Farbe, hart

ALMANDIN 59
Charakteristische Farbe; starker Glanz

PYROP 58
Charakteristische Farbe, selten Einschlüsse

RUBELLIT 101
Pleochroitisch, Katzenaugen-Cabochons

ÜBERWIEGEND ROT ODER ROSA

TAAFFEIT 80
Extrem selten, recht hart

SPESSARTIN 58
Spitzenartige Einschlüsse, selten Edelsteinqualität

MITUNTER ROT ODER ROSA

JADEIT 124
Auch angeschliffen narbige Oberfläche

TOPAS
Charakteristische Farbe, hohe Dichte

WASSERMELONE (TURMALIN) 103
Charakteristische Farben

SAPHIR 97
Hohe Dichte, hart, pleochroitisch

KORALLE 142
Leichte Maserung, weich, kann verblassen

SPINELL 64
Hart, einfach brechend

JASPIS 92
Charakteristische Farbe, opak

ANDERE SCHMUCKSTEINE
ZIRKON 73
RUTIL 71
SMITHSONIT 99
SCAPOLIT
GRANAT-DUBLETTE 61

WEISS ODER SILBER

STETS WEISS ODER SILBER

MILCHQUARZ 85
Charakteristische milchig-weiße Farbe

PLATIN 52
Metallglanz, hohe Dichte, opak

SILBER 50
Metallglanz, weich, opak

ELFENBEIN 146
Weich, Wachstumslinien

MEERSCHAUM 119
Kalkartig, opak, feinkörnig, weich

GIPSSTEIN 128
Seiden- bis Glasglanz, weich

NORMALERWEISE WEISS ODER SILBER

PERLE 138
Perlmutterglanz, sehr weich

PERLMUTT 144
Irisierend, sehr weich

MITUNTER WEISS ODER SILBER

CALCIT 98
Weich, stark doppelbrechend

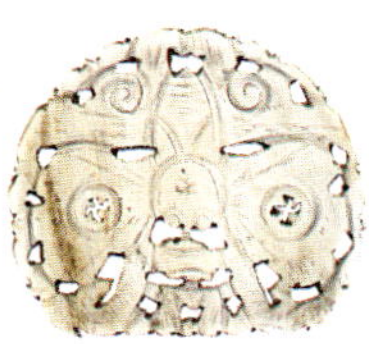

SERPENTIN 127
Glas- bis Fettglanz, durchsichtig

NEPHRIT 125
Durcheinanderverwachsene Kristalle, außerordentlich fest

WEITERE SCHMUCKSTEINE
ACHAT 88
KORALLE 142
OPAL 134
MONDSTEIN 123

Gelbe bis braune Schmucksteine

Stets gelb-braun

Anglesit 114
Hohe Dichte, spröde, gutes Feuer

Citrin 83
Charakteristische Farbe

Brasilianit 118
Spröde, recht weich, selten

Sinhalit 114
Pleochroitisch, stark doppelbrechend

Heliodor 77
Pleochroitisch, hart, Pastelltöne

Gold 48
Charakteristische Farbe, weich

Padparadscha 95
Typische orange-rosa Farbe, hart

Karneol 93
Durchscheinend, rötlich-braun

Feueropal 134
Niedrige Dichte, durchsichtig

Sard-Onyx 90
Charakteristische weiße Bänderung

Hessonit 60
Kornartige Einschlüsse

Sonnenstein 130
Helle metallische Einschlüsse

Hypersthen 112
Rötlich irisierend, recht weich

Dravit 102
Pleochroitisch, stark doppelbrechend

Cassiterit 70
Hohe Dichte, gutes Feuer

Schildpatt 144
Charakteristische Sprenkelung

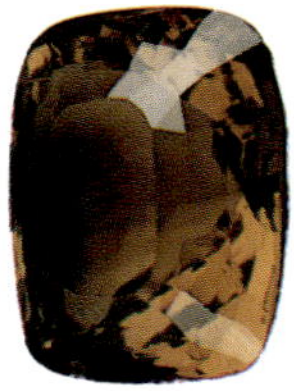

Rauchquarz 84
Charakteristische graubraune Farbe

Epidot 121
Starker Pleochroismus, spröde, selten geschliffen

Weitere Schmucksteine
Topazolith 107
Pyrit 63

ÜBERWIEGEND GELB-BRAUN

AMBLYGONIT 132
Glas- bis Perlmutterglanz

GELBER ORTHOKLAS 122
Spröde, Katzenaugeneffekt

VESUVIAN 74
Pleochroitisch, Glas- bis Brillantglanz

SPHALERIT 63
Gutes Feuer, Metall- bis Glasglanz

TITANIT 121
Sehr gutes Feuer, pleochroitisch

BERNSTEIN 148
Sehr weich, Harzglanz

AVENTURIN-QUARZ 85
Metallischer Schimmer

AXINIT 133
Pleochroitisch, spröde

ENSTATIT 111
Spröde, charakteristisches Absorptionsspektrum

STAUROLITH 117
Opak, kreuzförmige Zwillingskristalle

MITUNTER GELB-BRAUN

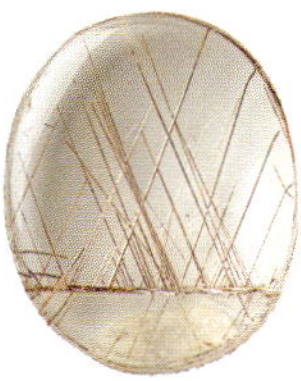

RUTIL 71
Gutes Feuer, nadelförmige Einschlüsse

PREHNIT 115
Meist trübe und durchsichtig

SCHEELIT 70
Recht weich, gutes Feuer

KATZENAUGEN-QUARZ 86
Faserige Struktur

MOOSACHAT 89
Durchscheinend, moosähnliche Zeichnung

ARAGONIT 104
Sehr weich, mikrokristallin

SPESSARTIN 58
Hart, spitzenartige Einschlüsse

BARYT 104
Hohe Dichte, sehr weich

CHRYSOBERYLL 108
Hart, starker Pleochroismus

WEITERE SCHMUCKSTEINE
DIAMANT 54
DEMANTOID 62
FLUORIT 66
ZIRKON 72
APATIT 79
SAPHIR 96
TURMALIN 101
TOPAS 106
KORNERUPIN 113

GRÜNE SCHMUCKSTEINE

STETS GRÜN

CHRYSOKOLL 126
Charakteristische Farbe, opak, sehr weich

SMARAGD 75
Charakteristische Farbe, selten rein

PERIDOT 113
Charakteristische olivgrüne Farbe

HIDDENIT 120
Charakteristische Farbe, pleochroitisch

DIOPTAS 99
Typische Farbe, stark doppelbrechend

HELIOTROP 93
Opak, rote Sprenkelung

UVAROVIT 59
Charakteristische Farbe, spröde

PRASEM 92
Durchscheinend, dunkelgrüne Farbe

MALACHIT 126
Charakteristische Farbstreifen, weich

MOLDAVIT 137
Glasartig, schlierige und bläschenförmige Einschlüsse

ALEXANDRIT 108
Farbwechsel, pleochroitisch, hohe Dichte

ANDALUSIT 110
Sehr starker Pleochroismus

ÜBERWIEGEND GRÜN

SERPENTIN 127
Glas- bis Fettglanz, recht weich

JADEIT 124
Feinkörnig, manchmal narbig

DIOPSID 119
Stark doppelbrechend

DEMANTOID 62
Asbest-Einschlüsse, Diamantglanz

AVENTURIN-QUARZ 85
Metallische Einschlüsse, Glasglanz

NEPHRIT 125
Durcheinanderverwachsene Kristalle, Fett- bis Perlmutterglanz

WEITERE SCHMUCKSTEINE
PREHNIT 115

MITUNTER GRÜN

MIKROKLIN 123
Charakteristische blaugrüne Farbe

ACHAT 88
Durchscheinend, typische Bänderung

WASSERMELONE (TURMALIN) 103
Zweifarbig

DIAMANT 56
Härteste natürliche Substanz, gutes Feuer

SAPHIR 96
Hohe Dichte, hart, pleochroitisch

APATIT 79
Charakteristisches Absorptionsspektrum

ZIRKON 72
Gutes Feuer, Diamant- bis Harzglanz

GROSSULAR 61
Glasglanz

GRANAT-DUBLETTE 61
Aus zwei Teilen zusammengesetzt

ENSTATIT 111
Charakteristisches Absorptionsspektrum

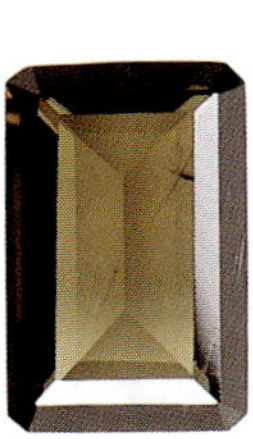

KORNERUPIN 113
Starker Pleochroismus, selten

SPHALERIT 63
Sehr weich, gutes Feuer

WEITERE SCHMUCKSTEINE
FLUORIT 66
KYANIT 133
TURMALIN 103
SMITHONIT 99
EUKLAS 129

Blaue oder violette Schmucksteine

Stets blau oder violett

Aquamarin 76
Hohlkanal-Einschlüsse, pleochroitisch

Lazulith 128
Oft gesprenkelt

Hauynit 68
Kleine Steine, selten schleifwürdig

Türkis 131
Charakteristische Farbe, spröde

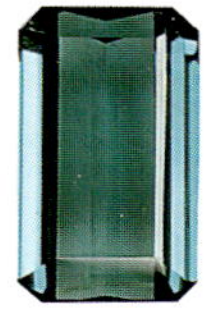

Indigolith 101
Starker Pleochroismus

Azurit 126
Charakteristische Farbe, spröde, weich

Lapislazuli 69
Charakteristisches Blau mit Pyrit-Einschlüssen

Sodalit 68
Charakteristische blaue Farbe

Zoisit 116
Starker Pleochroismus

Amethyst 82
Tigerstreifen-Einschlüsse

Überwiegend blau oder violett

Sillimanit 111
Typischer Pleochroismus, vollkommene Spaltbarkeit

Dumortierit 117
Meist derb, charakteristische Farbe

Benitoit 80
Gutes Feuer, doppelbrechend

Iolith 112
Ausgeprägter Pleochroismus

Kyanit 133
Pleochroitisch, spröde, manchmal fleckig

Mitunter blau oder violett

Fluorit 66
Kein Feuer, weich, vollkommene Spaltbarkeit

Topas 106
Pleochroitisch, hart, tränenartige Einschlüsse

Zirkon 72
Gutes Feuer, Diamant- bis Harzglanz

Smithonit 99
Charakteristische blaue Farbe

Saphir 95
Hohe Dichte hart, pleochroitisch

SKAPOLITH 71
Katzenaugen-Effekt, faserige Einschlüsse

SPINELL 64
Hart, einfach brechend

AXINIT 133
Pleochroitisch, spröde

WEITERE SCHMUCKSTEINE
APATIT 79
ACHAT (GEFÄRBT) 88
HOWLITH (GEFÄRBT) 128
DIAMANT 54
EUKLAS 129
CHRYSOBERYLL 108
GRANAT-DUBLETTE 61

SCHWARZE SCHMUCKSTEINE

STETS SCHWARZ

HÄMATIT 100
Metallglanz, opak, irisierend

SCHÖRL 103
Opak, Glasglanz

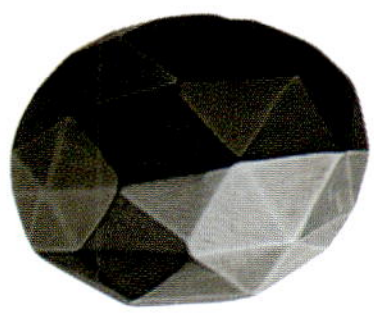

GAGAT 140
Sehr weich, bei Erwärmung kohleartiger Geruch

MEIST SCHWARZ

OBSIDIAN 136
Glasig, recht hart, bläschenartige Einschlüsse

MITUNTER SCHWARZ

MELANIT 62
Diamant- bis Glasglanz

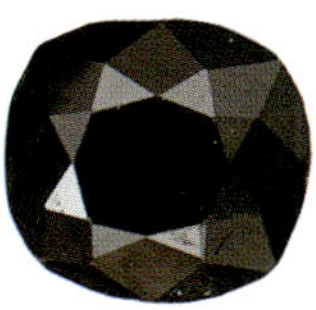

DIAMANT 54
Diamantglanz, hart

TEKTIT 137
Glasartig, brüchige Oberfläche

KORALLE 142
Hitzeempfindlich, weich

IRISIERENDE EDELSTEINE

OPAL 134
Opalisierend, kann austrocknen und brechen

FEUERACHAT 87
Irisierende, ölartige Farbringe

LABRADORIT 130
Irisierend auf dunkler Grundfläche

PERLMUTT 145
Blau-violett irisierende Oberfläche

Kristallstruktur Kubisch	Zusammensetzung Gold	Mohshärte 2,5

Gold

Die Farbe des Goldes hängt von Menge und Art der darin enthaltenen Verunreinigungen ab. Reines Gold ist goldgelb, doch wird es meist mit anderen Metallen legiert, die es härter machen. Legierungen mit Silber, Platin, Nickel oder Zinn ergeben Weißgold, für Rotgold wird Kupfer beigegeben, und Eisen bewirkt einen leichten Blaustich. Der Feingehalt des Goldes definiert sich aus dem Verhältnis Gold zu Metall und wird in Karat angegeben. Für Schmuck verarbeitet man normalerweise Gold von 9 Karat (37,5 % Feingold) über 14, 18 und 22 bis hin zu 24 Karat (reines Gold). In den meisten Ländern bezeichnet ein Stempel den Goldgehalt.

• **Vorkommen:** Gold tritt in Eruptivgesteinen und dortigen Quarzadern auf – manchmal in so geringen Mengen, daß sie mit bloßem Auge nicht erkennbar sind. Außerdem findet man es in Sekundärlagerstätten (Flußbetten etwa) in Form von Nuggets oder Körnern. Auch heute noch trifft man die traditionellen Goldwäscher, doch das meiste Gold wird inzwischen mit industriellem Aufwand in Minen gefördert. Goldhaltige Erze kommen in Afrika, Kalifornien und Alaska (USA), Kanada, der GUS, Südamerika und Australien vor.

• **Hinweis:** Schon seit Jahrtausenden werden aus Gold Münzen, Ziergegenstände und Schmuck gefertigt. Gold ist nicht nur schön, sondern auch leicht zu verarbeiten und angenehm zu tragen.

Weiche, ausgewaschene Oberfläche

Metallischer Glanz

Goldnugget

Oktaedrische Goldkristalle

Kristallisiertes Goldnugget

Typische runde und flache Körner

Durch Goldwaschen gewonnene Körner aus Seifenlagerstätten

Goldkörner

Weißer Quarz

Gold findet man gewöhnlich in Gestalt kleiner Körner und nicht in kristalliner Form.

Gold in Quarz-Matrix

SG 19.30	RI Kein	DR Kein	Glanz: Metallisch

ANSTECKNADEL
Bei diesem ungewöhnlichen Schmuckstück wurde ein Nugget auf eine goldene Anstecknadel gesetzt.

GOLD, DIAMANTEN UND PERLEN
Dieser Halsschmuck ist mit rosafarbenen Perlen und Diamantengruppen besetzt. Gold wird seit Jahrtausenden zum Fassen von Edelsteinen vewendet.

GOLDARMREIF
Diese Gliederkette ist aus 18 Karat Gelb- und Rotgold gearbeitet.

GOLDGUSS
Für diese Efeublätter wurde 18karätiges Gold in eine Form gegossen.

GOLDARMREIF
Der Stempel weist den Reinheitsgrad des verwendeten Goldes nach. Bei diesem Armreif wurde 18-Karat-Gold verarbeitet.

GOLDRING
Gold ist das ideale Material für Ringe. Hier bildet es die Fassung für einen seltenen grünen Demantoid.

Kristallstruktur Kubisch	Zusammensetzung Silber	Mohshärte 2,5

SILBER

Silber tritt gewöhnlich in Form von Kristallen oder Körnern auf, man findet jedoch auch dendritische Aggregate. Direkt nach der Förderung oder frisch poliert zeigt es die charakteristische silbrig-weiße Farbe und Metallglanz. Bleibt es jedoch längere Zeit in Kontakt mit dem in der Luft enthaltenen Sauerstoff, bildet sich auf der Oberfläche eine schwarze, matte Silberoxidschicht. Deshalb, aber auch weil es im Reinzustand sehr weich ist, wird Silber häufig mit anderen Metallen legiert oder erhält eine Goldauflage. Elektrum, eine Gold-Silber-Legierung, die schon die alten Griechen kannten, enthält 20–25 % Silber. Sterlingsilber besteht aus 92,5 % oder mehr, Britannia-Silber aus 95 % Reinsilber.

• **Vorkommen:** Das meiste Silber (häufig im Verbund mit Kupfer) fällt als Nebenprodukt bei der Bleiförderung an. Die bedeutendsten Silberminen liegen in Südamerika, den USA, Australien und den Staaten der GUS. Größter Einzelproduzent ist vermutlich Mexiko, wo seit dem 16. Jahrhundert Silber abgebaut wird. Das feinste Silbererz, das in Form verdrehter Drähte vorkommt, stammt aus Kongsberg in Norwegen.

DENDRITISCHE SILBERKRISTALLE

ANGESCHLIFFENES ERZ MIT SILBER- UND KUPFERGEHALT

WEINPOKAL

Als dieser Kelch 1493 geschaffen wurde, galt Silber noch als ebenso kostbar wie Gold.

ROHSILBER AUS KONGSBERG, NORWEGEN

SG 10,50	BI Kein	DI Kein	Glanz Metallglanz

TURM-BROSCHEN
Moderne Silberbroschen aus der Werkstatt des britischen Silberschmieds V. Ambery-Smith.

SILBERARMREIF
Dieser Schmuckreif aus Sterlingsilber wurde mit 18-karätigem Gold verziert.

SILBERTELLER
Diesen 1973 geschaffenen Teller schmückt ein Blattmotivrand.

TASCHENUHR
Das weiche Metall eignet sich für feine Arbeiten wie dieses Uhrengehäuse (18. Jh.).

MODERNE VERWENDUNG
Silber wird für Ziergegenstände wie diesen Schlüsselring geschätzt, aber auch in der elektronischen- und Fotoindustrie viel verwendet.

Kristallstruktur Kubisch	Zusammensetzung Platin	Mohshärte 4

PLATIN

Platin wird seit Jahrtausenden verarbeitet, doch erst seit 1753 weiß man, daß es sich dabei um ein eigenes chemisches Element handelt. Platin ist das seltenste und teuerste der drei Edelmetalle und läuft im Gegensatz zu Silber nicht an. Platin ist silbergrau, gräulichweiß oder weiß, opak und von metallischem Glanz. Es ist geringfügig schwerer als Gold und fast doppelt so schwer wie Silber. Früher bereitete es den Goldschmieden Probleme, den hohen Schmelzpunkt von 1773 °C zu erreichen. Erst in den zwanziger Jahren unseres Jahrhunderts war die Technologie weit genug fortgeschritten, um dieses Edelmetall bearbeiten zu können.

• **Vorkommen:** Platin bildet sich in Eruptivgesteinen, normalerweise als Erz, wobei die Platinkörner häufig sehr klein und mit bloßem Auge nicht erkennbar sind. Es tritt aber auch in sekundären Lagerstätten auf, in Flußsanden und Schotterhalden – meist in Form von Körnern, seltener als Nuggets. Hauptfundorte sind Südafrika, Kanada (Sudbury), die USA (Alaska), Rußland (vor allem Flüsse, die im Ural entspringen), Australien, Kolumbien und Peru.

• **Hinweis:** Zwar wurden schon vor 1920 Nuggets als Ringe gefaßt, aber der meiste Platinschmuck ist jüngeren Datums. Da Platin sich in der Hitze gut verformen läßt, fertigen Juweliere daraus wunderschöne Stücke.

PLATINNUGGET

PLATINKRISTALLE

PLATINKÖRNER

KRISTALLISIERTES PLATIN

SG 21,40	BI Kein	DI Kein	Glanz Metallglanz

OHRRINGE UND RING
Eine moderne Schmuckgarnitur mit quadratischen Steinen

Fassung aus Platin

FILIGRANES HALSBAND
Wie Gold und Silber ist Platin vergleichsweise weich und eignet sich daher zur Herstellung kunstvoller Schmuckgegenstände. Gegenüber Silber hat es den Vorteil, nicht anzulaufen.

Platinfiligran

Diamantbesetzter Verschluß

Zwei Platinreife bilden das Gerüst dieses Halsbands

DIAMANT-COLLIER
Edler Glanz und die silberweiße Farbe machen Platin ideal zur Fassung geschliffener Diamanten.

Eingelegte Diamanten

MODERNE BROSCHE
Viele moderne Schmuckstücke werden aus Platin gearbeitet.

Aquamarin-Pendeloque

Diamanten

Aquamarin-Pendeloque

AQUAMARIN-RING
Schlichte Fassung für einen eisblauen Aquamarin und 20 Diamanten

Kristallstruktur Kubisch	Zusammensetzung Kohlenstoff	Mohshärte 10

DIAMANT

Diamant ist das härteste Mineral der Erde, dazu kommen sein außergewöhnlicher Glanz und das brillante Feuer. Deshalb gilt er als der begehrteste aller Schmucksteine. Lupenreine, farblose Diamanten sind die beliebtesten, doch findet man auch andere Varietäten – von gelb und braun über grün, blau, rosa, rot bis zu grau und schwarz. Da Diamanten nur aus Kohlenstoff bestehen, weisen sie eine sehr regelmäßige Form auf, im Regelfall oktaedrisch mit abgerundeten Ecken und leicht konvexen Flächen. Aufgrund seiner Härte läßt sich der Diamant nur mittels anderer Diamanten schleifen.

• **Vorkommen:** Diamanten bilden sich unter sehr hohem Druck und gewaltiger Hitze in achtzig oder mehr Kilometer Tiefe. An den ersten Fundstätten in Indien und Brasilien wurden die meisten Diamanten aus sekundären Lagerstätten gefördert. Seit der Entdeckung der südafrikanischen Vorkommen erfolgt die Förderung jedoch unter großem technischem Aufwand. Hauptproduzent ist Australien; weitere Fundorte sind Ghana, Sierra Leone, Zaire, Botswana, Namibia, die GUS, die USA und Brasilien.

• **Hinweis:** Der Wert eines Diamanten ermißt sich nach vier »C«-Kriterien: Colour (Farbe), Cut (Schliff), Clarity (Reinheit) und Carat (Gewicht).

BRILLANTSCHLIFF

BRILLANTSCHLIFF

BRILLANTSCHLIFF

BRILLANTSCHLIFF

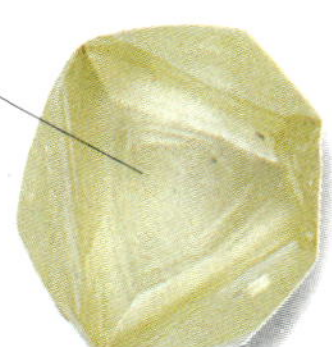

FÜNF UNGESCHLIFFENE DIAMANT-KRISTALLE

SG 3,52	BI 2,42	DI Kein	Glanz Diamantglanz

ARMBAND IM BLATTMUSTER

Das außergewöhnliche Feuer und der herrliche Glanz bringen dieses Armband zum Schimmern.

HALBMOND-BROSCHE

Farblose Diamanten gelten als besonders wertvoll. Für diese Brosche wurden viele Brillanten in Gold gefaßt.

RING UND OHRRINGE

Aufgrund ihrer Härte, ihres Glanzes und ihres spektakulären Feuers eignen sich Diamanten für alle Arten von Schmuck.

DIAMANT-KRISTALLE

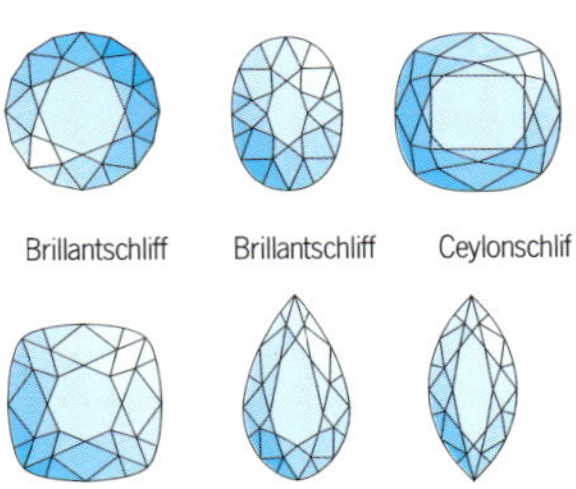

Brillantschliff · Brillantschliff · Ceylonschlif

Antik · Pendeloque · Navette

DIAMANT IM MUTTERGESTEIN (MATRIX)

Kristallstruktur Kubisch	Zusammensetzung Kohlenstoff	Mohshärte 10

Die verschiedenen Farbnuancen gehen auf Spuren anderer Mineralien zurück.

Ungewöhnlich halbdurchscheinender, milchiger Stein

BRILLANTSCHLIFF

In diesem Diamanten bedingen Einschlüsse Asterismus in Form eines sechsstrahligen Sterns.

Das Schwarz dieser opaken Varietät kommt von Graphiteinschlüssen

SCHWARZER DIAMANT IN BRILLANTSCHLIFF

Rosabraune Färbung

BRILLANTSCHLIFF

Farbloser Stein, durchzogen von schwarzen Kohlenstoff-Einschlüssen

BRILLANTSCHLIFF

Zwölfseitige Kristallform

DIAMANTKRISTALL

Die dunkelgrüne Farbe geht auf radioaktive Strahlung (Radium) zurück

Dreiseitige Fläche

DIAMANTKRISTALL IN PHANTASIEFARBE

Farbloser Diamantkristall

Das diamanthaltige Tiefengestein Kimberlit ist nach der südafrikanischen Stadt Kimberley benannt

DIAMANT IN KIMBERLIT

SG 3,52	BI 2,42	DI Kein	Glanz Diamantglanz

DIAMANTBROSCHE
Perlen, goldgefaßte Diamanten und Smaragde bilden diese wertvolle Brosche.

SCHMETTERLINGS-BROSCHE
Dieses prachtvolle Stück ist mit mehr als 150 Brillanten in unterschiedlichen Schliffformen besetzt.

FACETTIERTER BORT-DIAMANT

YAG

GLAS

ZIRKON

STRONTIUMTITANAT

ROHLING EINES SCHWARZEN DIAMANTEN

DIAMANT-IMITATIONEN
Obwohl Diamanten durch andere farblose Steine, Glas und Synthesen wie YAG imitiert werden, bleibt das Original doch unerreicht (siehe oben).

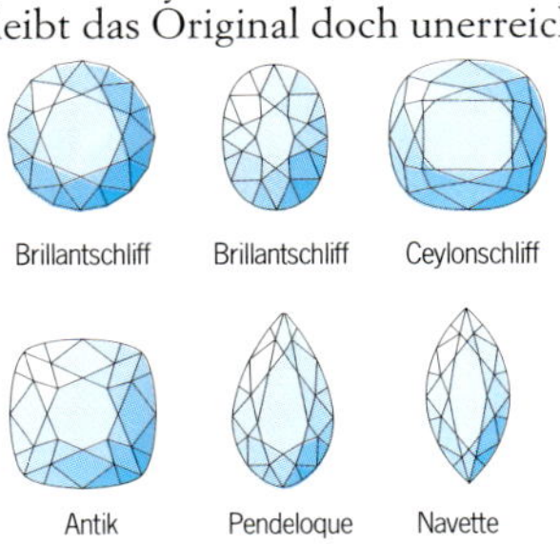

CARBONADO-ROHSTÜCK

Kristallstruktur Kubisch	Zusammensetzung Magnesium-Aluminium-Silicat	Mohshärte 7,25

PYROP (GRANAT)

Die blutrote Farbe verdankt der Pyrop seinem Eisen- und Chromgehalt. Er weist nur selten Einschlüsse auf, falls doch, sind diese gerundete Kristalle oder von unregelmäßiger Gestalt. Wie bei allen Granaten ist die Spaltbarkeit unvollkommen, der Bruch muschelig bis spröde.

• **Vorkommen:** Pyrop tritt in Vulkangestein und Alluvialablagerungen auf und kann auf Diamantvorkommen hinweisen. Hauptfundorte sind Arizona (USA), Südafrika, Argentinien, Australien, Brasilien, Birma, Schottland, die Schweiz und Tansania.

• **Hinweis:** Pyrop bedeutet auf Griechisch »feurig«. Was wir als »Granat« bezeichnen, ist entweder Pyrop oder Almandin. Steine aus Südafrika und der Schweiz sind heller als der seit Jahrhunderten begehrte Pyrop aus Böhmen.

OVAL

BÖHMISCHER OHRSCHMUCK
Makellose Steine wurden im 18. und 19. Jh. zu schönen Stücken verarbeitet.

PYROP-KRISTALLE IN DER MATRIX

Brillantschliff

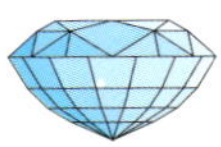

Ceylonschliff

SG 3,80	BI 1,72–1,76	DI Kein	Glanz Glasglanz

Kristallstruktur Kubisch	Zusammensetzung Magnesium-Aluminium-Silicat	Mohshärte 7

SPESSARTIN (GRANAT)

Spessartin in Schmucksteinqualität ist selten. Reiner Spessartin zeigt ein leuchtendes Orangerot; je höher der Eisengehalt, desto dunkler der Stein. Einschlüsse sind feder- oder spitzenartig.

• **Vorkommen:** Spessartin findet man in Pegmatiten und Alluvialablagerungen in Sri Lanka, Madagaskar, Brasilien, Schweden, Australien, Birma und den USA. Kristalle aus Deutschland und Italien sind zu klein zum Schleifen.

• **Hinweis:** Dieser Granat ist nach seinem früheren Fundort im Spessart benannt. Verwechslungsmöglichkeit mit Hessonit und gelbem Topas, die Einschlüsse sind jedoch charakteristisch.

ACHTECK IM TREPPENSCHLIFF

CABOCHON

SPESSARTIN-KRISTALL

Brillantschliff

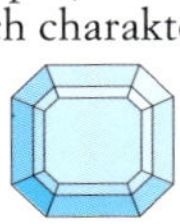

Brillantschliff

Cabochon

SG 4,16	BI 1,79–1,81	DI Kein	Glanz Glasglanz

Kristallstruktur	Zusammensetzung	Mohshärte
Kubisch	Eisen-Aluminium-Silicat	7,5

ALMANDIN (GRANAT)

Almandine sind meist von dunklerem Rot als Pyrope und wirken bisweilen fast schwarz. Es gibt allerdings auch rosa Steine. Meist ist der Almandin opak oder nur schwach durchscheinend, doch besitzen die seltenen transparenten Almandine bemerkenswerten Glanz. Trotz seiner hohen Dichte bricht dieser Granat leicht. Viele Steine weisen typische Einschlüsse auf, und als Cabochon geschliffen kann Asterismus vorkommen (Sterngranat). Um die Farbe aufzuhellen, wird bei dunklen Almandinen häufig die Unterseite ausgehöhlt.

• **Vorkommen:** Almandin tritt in metamorphen Gesteinen wie Schiefern auf, seltener auch in Pegmatiten. Man findet ihn weltweit.

• **Hinweis:** Granat-Scheiben wurden einst für Kirchenglasfenster verwendet, und es heißt, Noah habe in seine Arche der Lichtstreuung wegen Granatfenster eingebaut. Granate sollen gegen Melancholie helfen und das Herz erwärmen.

BRILLANTSCHLIFF

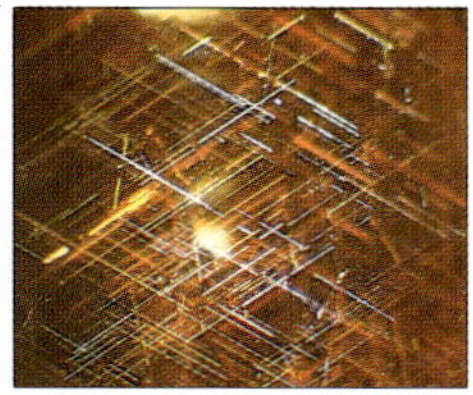
Rutil- oder Hornblende-Nadeln sind typische Einschlüsse in Almandin.

CABOCHON

TROPFEN-OHRGEHÄNGE
Die Granaten für diesen Ohrschmuck (18. Jh.) wurden als Rose geschliffen.

ALMANDIN-KRISTALLE IM MUTTERGESTEIN

Cabochon

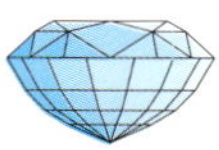
Ceylonschliff

SG	BI	DI	Glanz
4,00	1,76–1,83	Kein	Glasglanz

Kristallstruktur	Zusammensetzung	Mohshärte
Kubisch	Calcium-Chrom-Silicat	7,5

UWAROWIT (GRANAT)

Das leuchtende Grün dieses Steins ist auf seinen Chromgehalt zurückzuführen. Die Kristalle sind sehr spröde und brechen muschelig bis splittrig.

• **Vorkommen:** Uwarowit tritt in Serpentin-Gesteinen auf. Die schönsten Kristalle findet man im Ural (Rußland). Weitere Fundorte sind Finnland, die Türkei und Italien.

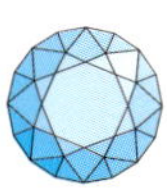
Brillantschliff

UWAROWIT-KRISTALL

UWAROWIT-KRISTALLE IM MUTTERGESTEIN

SG	BI	DI	Glanz
3,77	1,86–1,87	Kein	Glasglanz

Kristallstruktur Kubisch	Zusammensetzung Calcium-Aluminium-Silicat	Mohshärte 7,25

HESSONIT (GROSSULAR-GRANAT)

Grossular-Granate treten in einer breiten Farbvielfalt auf (farblos bis schwarz), verdanken ihren Namen jedoch dem ersten gefundenen Exemplar, das von stachelbeerfarbigem Grün (siehe gegenüber) war. Das Orangebraun des Hessonit Grossular-Granaten hängt mit dessen Mangan- und Eisengehalt zusammen.

• **Vorkommen:** Die schönsten Hessonit-Granate findet man in Sri Lanka in metamorphem Gestein oder Sanden. In Madagaskar heißt Hessonit auch Zimtstein. Weitere Fundorte sind Brasilien, Kanada und Sibirien (Rußland) sowie Maine, Kalifornien und New Hampshire in den USA.

• **Hinweis:** Schon die alten Griechen und Römer fertigten aus Hessonit Kameen, Intaglien und Cabochons und facettierten den Stein.

OVAL

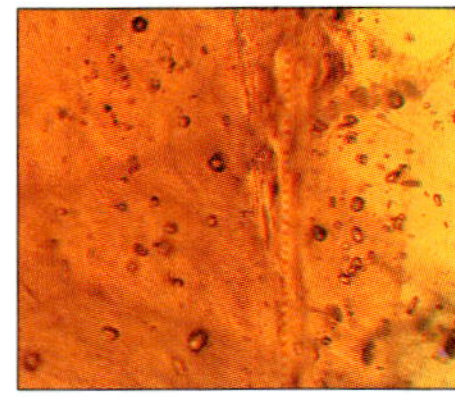

Wirbelförmige Einschlüsse sorgen für sirupartiges Aussehen.

OVAL

BRILLANTSCHLIFF

HESSONIT-KRISTALLE IN MATRIX

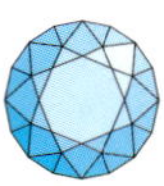

Brillantschliff

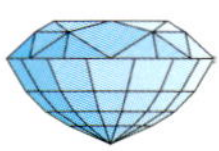

Ceylonschliff

SG 3,65	BI 1,73–1,75	DI Kein	Glanz Glasglanz bis Harzglanz

Kristallstruktur Kubisch	Zusammensetzung Calcium-Aluminium-Silicat	Mohshärte 7

ROSA GROSSULAR

Der reine Grossular-Granat ist farblos, doch tritt er aufgrund von Einlagerungen in vielen verschiedenen Farben auf. Diese rosa Varietät ist durch Eisen bedingt.

• **Vorkommen:** Rosa Grossular findet man in Mexiko, meist derb in metamorphem Gestein. Kristalle sind selten. Weitere Vorkommen in Südafrika.

• **Hinweis:** Rosaroter Grossular aus Mexiko heißt auch Rosolit.

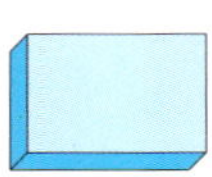

Tafelschliff

KRISTALLE IN MATRIX

ANGESCHLIFFENER GROSSULAR-GRANAT

SG 3,49	BI 1,69–1,73	DI Kein	Glanz Glasglanz

Kristallstruktur Kubisch	Zusammensetzung Calcium-Aluminium-Silicat	Mohshärte 7

GRÜNER GROSSULAR (GRANAT)

Es gibt zwei Varietäten des grünen Grossular: Eine findet man als transparente Kristalle, die andere ist dicht und undurchsichtig. Derber grüner Grossular aus Südafrika heißt nach seinem Fundort und der Ähnlichkeit mit Jade auch Transvaal-Jade. Er kann dunkle Magnetit-Einschlüsse enthalten. Seit den 1960ern wird in Kenia ein durchsichtiger grüner Grossular gefördert, den man Tsavorit nennt. Aus derbem grünen Granit fertigt man Ziergegenstände, Tsavorit wird als Schmuckstein facettiert.

• **Vorkommen:** Hauptfundorte sind Kanada, Sri Lanka, Pakistan, die ehemalige UDSSR, Tansania, Südafrika und die USA. Tsavorit kommt primär in Kenia vor.

• **Hinweis:** Der Name Grossular leitet sich von dem lateinischen Name der Stachelbeere – R. grossularia – ab. Derber stachelbeergrüner Grossular-Granat wurde zuerst in der ehemaligen UDSSR, später auch in Ungarn und Italien gefunden.

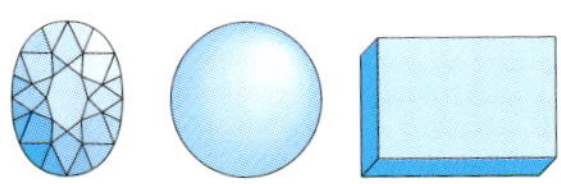

Brillantschliff   Kugel   Tafelschliff

Tiefgrüne Färbung dank Chrom und Vanadium

BRILLANTSCHLIFF

KUGELKETTE
Magnetit-Einschlüsse sorgen für speckigen Glanz.

Charakteristische stachelbeergrüne Farbe

MASSIVE GESCHLIFFENE PLATTE

Gruppen von Grossular-Kristallen

GRÜNE GROSSULAR-KRISTALLE IN MATRIX

SG 3,49	BI 1,69–1,73	DI Kein	Glanz Glasglanz

Kristallstruktur Variabel	Zusammensetzung Variabel	Härte Variabel

GRANAT-DUBLETTE

Unter Dublette versteht man einen aus zwei Teilen zusammengesetzten Stein, der das Aussehen eines Schmucksteines vortäuschen soll. Bei der Granat-Dublette wird eine Lage aus rotem Almandin-Granat auf Buntglas geklebt. Grünes Glas ergibt ein Smaragd-, blaues ein Saphirimitat. Nach dem Verkleben wird der Stein facettiert.

• **Hinweis:** Dubletten waren im letzten Jahrhundert beliebt.

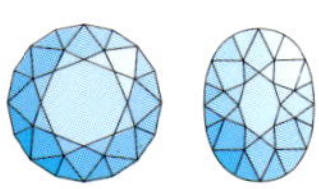

Brillantschliff   Brillantschliff

Roter Almandin wird auf eine grüne Glasbasis geklebt.

ANTIK-DUBLETTE

Glanz und Farbe wechseln mit dem Lichteinfall.

ALMANDIN-GRANAT AUF FARBGLASBASIS

SG Variabel	BI Variabel	DI Kein	Glanz Variabel

Kristallstruktur Kubisch	Zusammensetzung Calcium- Eisen-Silicat	Mohshärte 6,5

ANDRADIT (GRANAT)

Granaten mit Titan- und Mangangehalt werden unter der Bezeichnung Andraditen zusammengefaßt. Der wertvollste unter ihnen ist der Demantoid, dessen smaragdgrüne Farbe vom Chromgehalt herrührt. Seine Dispersion ist höher als die des Diamanten, und man kann ihn an seinen typischen »Pferdeschweif«-Einschlüssen erkennen (Asbestfasern). Von der gelben Varietät, dem Topazolith, wurden bisher nur kleine Kristalle gefunden. Melanit ist normalerweise schwarz, zuweilen aber auch dunkelrot.

• **Vorkommen:** Die schönsten Demantoide gibt es im Ural in Rußland, wo sie in Verbund mit goldhaltigen Sanden und metamorphen Gesteinen vorkommen. Weitere Fundorte sind Norditalien, Zaire und Kenia. Topazolith-Kristalle findet man in metamorphem Gestein in den Alpen. Melanit kommt in metamorphem Gestein und vulkanischer Lava vor, besonders auf Elba (Italien), in Frankreich und Deutschland.

DEMANTOID IM BRILLANTSCHLIFF

Demantoid enthält feine Asbest-Fasern, die man als »Pferdeschweif« bezeichnet.

DEMANTOID IM CEYLONSCHLIFF

DEMANTOID IM BRILLANTSCHLIFF

DEMANTOID-KRISTALLE IM MUTTERGESTEIN

MELANIT-KRISTALL

MELANIT IM BRILLANTSCHLIFF

TOPAZOLITH-KRISTALLE IN DER MATRIX

Brillantschliff

Brillantschliff

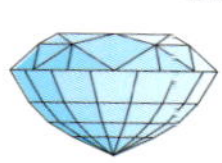
Ceylonschliff

SG 3,85	BI 1,85–1,89	DI Kein	Glanz Glas- bis Diamantglanz

Kristallstruktur	Zusammensetzung	Mohshärte
Kubisch	Eisensulfid	6

Pyrit

Aufgrund seiner Messingfarbe wird Pyrit häufig mit Gold verwechselt (daher auch der Name »Katzengold«). Pyrit kommt in Würfeln oder als »Pyritohedra« (zwölf Flächen mit je fünf Kanten) vor. Schon die alten Griechen und Römer kannten ihn, und auch bei den Inka wurde Pyrit-Schmuck gefunden. Heute wird er vorwiegend zu Modeschmuck verarbeitet. Seine Sprödigkeit erfordert sorgfältige Bearbeitung.

- **Vorkommen:** Pyrit gibt es weltweit in vulkanischen und metamorphen Gesteinen. Schöne Exemplare kommen aus Spanien, Peru, Italien und Frankreich.
- **Hinweis:** Der Name leitet sich vom griechischen Wort für Feuer ab, da Funken sprühen, wenn man mit dem Hammer auf Pyrit trifft.

PYRIT-KRISTALL

PYRIT-KRISTALL

Cabochon

Tafelschliff

SG	BI	DI	Glanz
4,90	Kein	Kein	Metallglanz

Kristallstruktur	Zusammensetzung	Mohshärte
Kubisch	Zinksulfid	3,5

Sphalerit

Sphalerit, auch Blende oder Zinkblende genannt, ist ein bedeutendes Zinkerz. Normalerweise dunkelbraun bis schwarz, findet man zuweilen auch transparente gelblich-braune oder grünliche Steine, die sich facettieren lassen. Da Sphalerit weich und von sehr vollkommener Spaltbarkeit ist, eignet er sich nicht für Schmuckstücke, sondern wird nur für Museen und Sammler geschliffen.

- **Vorkommen:** Sphalerit-Kristalle bilden sich in hydrothermalen Adern zusammen mit anderen Mineralen wie Galenit, Quarz, Pyrit und Calcit. Transparente, schleifbare Steine findet man in Santander (Spanien) und in Mexiko.
- **Hinweis:** Früher wurde Sphalerit oft mit Galenit (Bleiglanz) verwechselt, dem er recht ähnlich ist.

ACHTECK

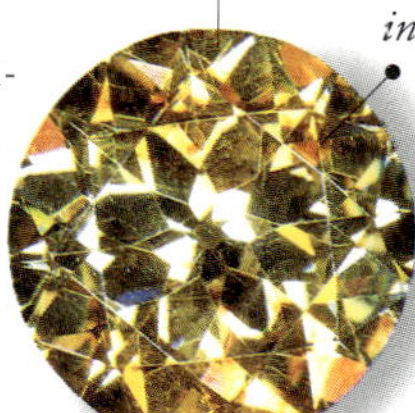

BRILLANTSCHLIFF

SPHALERIT-KRISTALLE IN DER MATRIX

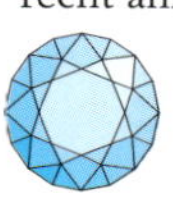

Brillantschliff

Brillantschliff

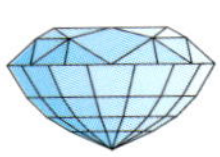

Ceylonschliff

SG	BI	DI	Glanz
4,09	2,36–2,37	Kein	Metall- bis Glasglanz

Kristallstruktur Kubisch	Zusammensetzung Magnesium-Aluminium-Oxid	Mohshärte 8

SPINELL

Spinell tritt je nach Einlagerungen in vielen Farbvarianten auf und kann durchsichtig bis opak sein. Roter Spinell, dessen Farbe auf Chrom und Eisen zurückzuführen ist, galt lange Zeit als Rubin. Gelborange und orangerote Varietäten heißen Rubicelle (Verkleinerungsform des französischen Wortes für Rubin). Eisen, selten auch Kobalt, verleiht blauen Spinellen ihre Farbe. Gelegentlich kommen Kristalleinlagerungen (Magnetit oder Apatit) vor, und Spinelle aus Sri Lanka enthalten Zirkonkristalle mit bräunlicher Aura. Sternspinelle sind kostbare Raritäten.

• **Vorkommen:** Spinelle entstehen in Graniten und metamorphem Gestein, häufig in Verbund mit Korund. Achtseitige Kristalle und vom Wasser gerundete Steine findet man in Geröllhalden in Birma, Sri Lanka und Madagaskar. Weitere Fundorte sind Afghanistan, Pakistan, Brasilien, Australien, Schweden, Italien, die Türkei, die GUS und die USA.

• **Hinweis:** Seit 1910 kann Spinell synthetisch erzeugt werden. Farblose Synthesen dienen als Diamant-Imitate, gefärbte bilden Steine wie Aquamarin und Zirkon nach. Blaue, mit Hilfe von Kobalt künstlich kolorierte Spinelle wurden als Saphire gehandelt. Der Name Spinell könnte sich vom lateinischen »spina« (Dorn) ableiten und sich auf die spitzen Ecken einiger Kristalle beziehen.

ACHTECK

OVALER BRILLANTSCHLIFF

ACHTECK IM TREPPENSCHLIFF

KRISTALLE UND BRUCHSTÜCKE

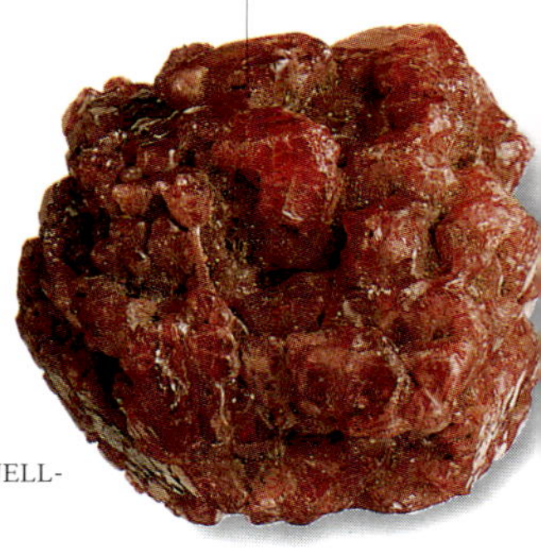

AGGREGAT AUS SPINELL-KRISTALLEN

SG 3,60	BI 1,71–1,73	DI Kein	Glanz Glasglanz

STERNSPINELL-CABOCHON

GEMISCHTER SCHLIFF

CEYLONSCHLIFF

ACHTECK

GAHNIT IM CEYLONSCHLIFF

SYNTHETISCHER SPINELL BRILLANTSCHLIFF

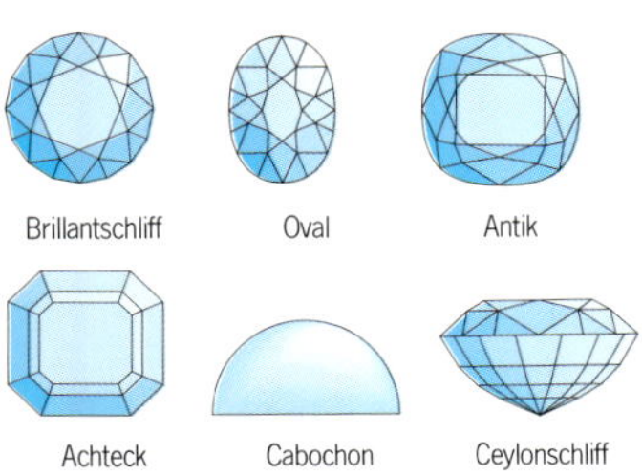

SPINELL-KRISTALLE IN DER MATRIX

Kristallstruktur Kubisch	Zusammensetzung Calciumfluorid	Mohshärte 4

FLUORIT

Fluorit ist nur bedingt als Schmuckstein tauglich, da er sehr weich ist und dementsprechend leicht verkratzt. Dennoch wird er wegen seiner breiten Farbpalette (u.a. Gelb, Blau, Rosa, Violett und Grün) und der mitunter sehr interessanten Farbverteilung innerhalb der Kristalle sehr geschätzt. Trotz seiner sehr vollkommenen oktaedrischen Spaltbarkeit läßt sich Fluorit facettieren (meist für Sammler) und auf Hochglanz polieren. Fluorit-Cabochons erhalten durch einen Überzug aus Bergkristall (siehe S. 81) Schutz vor Kratzern.

• **Vorkommen:** Fundorte sind Kanada, die USA (besonders große Kristalle), Südafrika, Thailand, Peru, Mexiko, China, Polen, Ungarn, Tschechien, Norwegen, England und Deutschland. In der Schweiz kommen rosa oktaedrische Kristalle vor. Eine purpurgelb gebänderte Varietät aus Derbyshire (England) heißt Blue John.

• **Hinweis:** Die alten Ägypter fertigten aus Fluorit Statuen und Skarabäen. In China ist der Stein seit mehr als 3000 Jahren bekannt. Im 18. Jahrhundert verordnete man pulverisierten Fluorit gegen Nierenleiden.

ACHTECK

FLUORIT-KRISTALLE IN DER MATRIX

ACHTECK

FLUORIT-KRISTALLE IN DER MATRIX

CEYLON-PHANTASIESCHLIFF

FLUORIT-KRISTALLE IN DER MATRIX

SG 3,18	BI 1,43	DI Kein	Glanz Glasglanz

SMARAGDSCHLIFF

FLUORIT-KRISTALLE IM MUTTERGESTEIN

ACHTECK

FLUORIT-KRISTALLE IM VERBUND MIT QUARZ

GESPALTENER FLUORIT-KRISTALL

FLUORIT-ROHSTÜCK

BLUE JOHN-VASE

Diese prachtvolle Fluorit-Varietät wird schon seit der Antike verarbeitet. Die Römer glaubten, wer aus einem aus Blue John gefertigten Kelch trinke, könne ohne Folgen beliebig Alkohol genießen.

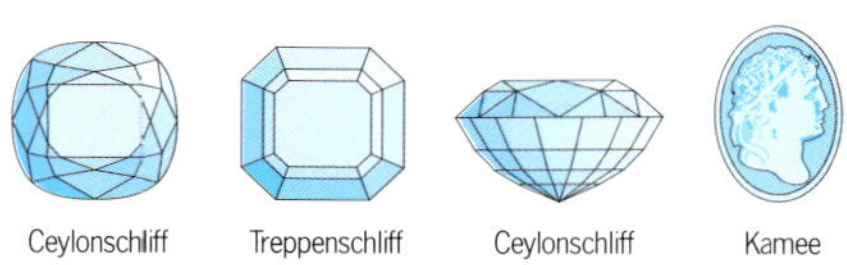

Kristallstruktur	Zusammensetzung	Mohshärte
Kubisch	Natrium-Aluminium-Silicat	5,5

SODALITH

Sodalith (benannt nach dem englischen »Sodium« = Natrium) tritt in allen möglichen Blautönen auf und ist ein wesentlicher Bestandteil des Lapislazuli (rechts), weshalb die beiden häufig verwechselt werden. Im Gegensatz zu Lapislazuli enthält Sodalith jedoch nur selten Pyriteinlagerungen und hat ein niedrigeres spezifisches Gewicht. Häufig weist Sodalith dagegen weiße Calcitäderung auf. Er wird als Schmuckstein geschätzt.

• **Vorkommen:** Sodalith findet man normalerweise in Eruptivgesteinen. Kristalle sind äußerst selten, doch hat man in der Lava des Vesuv (Italien) zwölfseitige, wenn auch sehr kleine Kristalle entdeckt. Weitere Lagerstätten gibt es in Brasilien, Kanada, Indien, Namibia und den USA.

• **Hinweis:** Der bedeutendste Fundort ist Bancroft in Ontario (Kanada), wo Sodalithvorkommen während eines Besuches der englischen Prinzessin Margaret entdeckt wurden. Deshalb heißt Sodalith aus Bancroft auch »Princess Blue«.

CABOCHON

OVAL

ANGESCHLIFFENER SODALIT

SODALITH-ROHSTÜCK

Cabochon

Kamee

SG	BI	DI	Glanz
2,27	1,48 (Mittelw.)	Kein	Glas- bis Fettglanz

Kristallstruktur	Zusammensetzung	Mohshärte
Kubisch	Silicatkomplex	6

HAUYNIT

Hauyn oder Hauynit ist ein Bestandteil des Lapislazuli (rechts). Meist mit anderen Mineralen verwachsen, tritt er selten in Einzelkristallen auf. Hauynit ist sehr vollkommen spaltbar, was die Bearbeitung des Steines erschwert.

• **Vorkommen:** Hauynit findet man als kleine, gerundete Körner in Vulkangesteinen. Bekannteste Fundorte sind erloschene Vulkane in Marokko und Deutschland.

BRILLANTSCHLIFF

HAUYNIT-KRISTALLE IN MATRIX

Brillantschliff

SG	BI	DI	Glanz
2,40	1,50 (Mittelw.)	Kein	Glas- bis Fettglanz

Kristallstruktur	Zusammensetzung	Mohshärte
Unterschiedlich	Aggregat verschiedener Minerale	5–6

LAPISLAZULI

Unter Lapislazuli versteht man ein Gemenge aus mehreren verschiedenen Mineralen, hauptsächlich Lasurit, Sodalith, Hauynit, Calcit und Pyrit. Zusammensetzung und Farbe sind dementsprechend unterschiedlich; als besonders hochwertig schätzt man das intensive Dunkelblau mit kleinen Flecken aus weißlichem Calcit und messingfarbenem Pyrit.

• **Vorkommen:** Lapislazuli findet man gewöhnlich als Blöcke oder Einlagerungen in Kalkstein. Der qualitativ beste Lapislazuli stammt aus Afghanistan und ist in vielen berühmten Schmuckstücken verarbeitet (u. a. der Maske des Tutanch-amun). Auch argentinischer Lapislazuli wird teuer gehandelt. Varietäten aus den GUS-Staaten und Chile sind eher blaß und Steine aus den USA tiefer gefärbt als solche aus Kanada.

• **Hinweis:** Lapislazuli soll seinen Träger vor Unheil bewahren. Imitate bestehen aus gefärbtem Jaspis oder Straß mit Kupfereinschlüssen. In Frankreich produziert Pierre Gilson ein chemisch fast naturidentisches Imitat.

KUGELKETTE

In diesen Lapislazulikugeln sind Pyritflecken und Calcitstreifen sichtbar.

BUDDHA-AMULETT

Diese Figur besteht aus bestem afghanischem Lapislazuli.

CABOCHON AUS GILSON-IMITAT

TAFEL AUS GILSON-IMITAT

ANGESCHLIFFENER LAPISLAZULI

LAPISLAZULI-ROHSTEIN

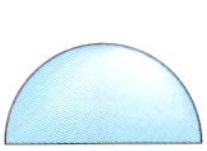

Cabochon

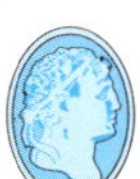

Kamee

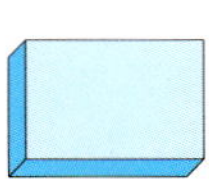

Tafelschliff

SG	BI	DI	Glanz
2,80	1,50 (Mittelw.)	Kein	Glasartig bis fettig

Kristallstruktur Tetragonal	Zusammensetzung Calciumwolframat	Mohshärte 5

SCHEELIT

Scheelit ist sehr weich und wird deshalb nur für Sammler facettiert. Er weist starke Dispersion und gutes Feuer auf und erscheint in verschiedenen Farbtönen von blaßgelbem Weiß bis hin zu Braun. Farbloser synthetischer Scheelit dient als Diamantimitat, läßt sich jedoch aufgrund der Doppelbrechung leicht vom Original unterscheiden. Gefärbt dienen Scheelit-Synthesen als Imitate vieler anderer Edelsteine.

• **Vorkommen:** Scheelit kommt in Pegmatiten und metamorphen Gesteinen vor. In Brasilien hat man riesige Kristalle (bis 0,5 kg Gewicht) gefunden, doch sind diese meist nicht schleifwürdig. Weitere Lagerstätten gibt es in Australien, Italien, der Schweiz, Sri Lanka, Finnland, Frankreich und England.

BRILLANTSCHLIFF

QUADRAT

SCHEELIT-KRISTALLE IN MATRIX

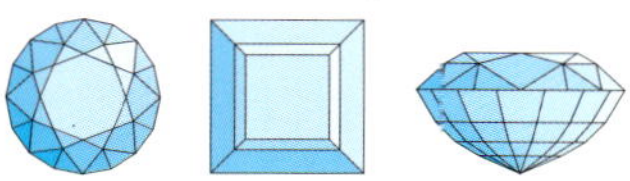
Brillantschliff Treppenschliff Ceylonschliff

SG 6,10	BI 1,92–1,93	DI 0,017	Glanz Glas-bis Diamantglanz

Kristallstruktur Tetragonal	Zusammensetzung Zinnoxid	Mohshärte 6,5

KASSITERIT

Kassiterit ist Zinnerz und wird normalerweise in Form schwarzer, opaker Körner gefördert, für die die Schmuckindustrie keine Verwendung hat. Die Kristalle sind meist kurzsäulige Prismen. Selten findet man durchsichtige, rötlichbraune Kristalle mit Diamantglanz, die dann für Sammler facettiert werden. Man könnte sie mit Diamant, Zirkon und Sphen verwechseln, wäre nicht ihr höheres spezifisches Gewicht und der typische Dichroismus.

• **Vorkommen:** Kassiterit kommt in Pegmatiten und Alluvialablagerungen vor. Fundorte sind Malaysia, England, Deutschland, Australien, Bolivien, Mexiko und Namibia.

• **Hinweis:** Der Name Kassiterit leitet sich vom griechischen kassiteros (= Zinn) her.

OVAL

BRILLANTSCHLIFF

KASSITERIT-KRISTALLE IN DER MATRIX

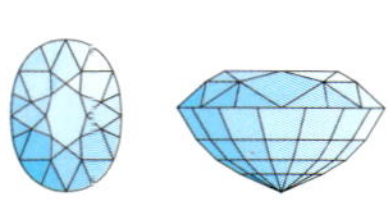
Brillantschliff Ceylonschliff

SG 6,95	BI 2,00–2,10	DI 0,100	Glanz Diamantglanz

Kristallstruktur Tetragonal	Zusammensetzung Verschiedene Silicate	Mohshärte 6

Skapolith

Skapolith, nach dem deutschen Geologen A.G. Werner auch Wernerit genannt, tritt in vielen Schattierungen von rosa über violett, blau, gelb und grau bis zu farblos auf. Diese Farben spiegeln die unterschiedliche Zusammensetzung (natriumreich bis kalziumreich) wider. Die Kristalle werden meist als säulenförmige Prismen gefunden. Daher auch der Name, denn »scapos« heißt griechisch Stange, und »lithos« Stein.

• **Vorkommen:** Skapolith-Kristalle bilden sich in Pegmatiten und metamorphen Gesteinen wie Schiefer und Gneis. Er kommt auch in derber Form vor. Fundorte sind Brasilien, Birma, Madagaskar, Kenia, Kanada.

• **Hinweis:** Bei einigen rosa und lila Steinen erscheint Katzenaugeneffekt. Skapolithen werden oft mit Amblygonit, Chrysoberyll und Goldberyll verwechselt.

GEMISCHTER SCHLIFF

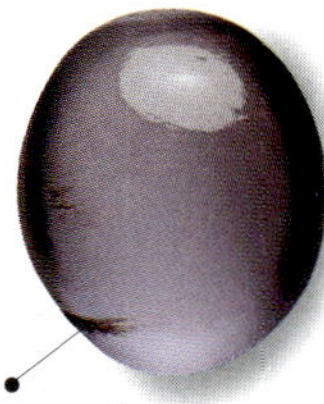

CABOCHON

SKAPOLITH-ROHSTÜCK

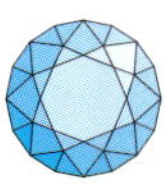
Brillantschliff

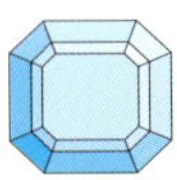
Treppenschliff

TREPPENSCHLIFF

SG 2,70	BI 1,54–1,58	DI 0,020	Glanz Glasglanz

Kristallstruktur Tetragonal	Zusammensetzung Titanoxid	Mohshärte 6

Rutil

Natürlicher Rutil hat mehr Feuer als ein Diamant, doch wird es durch die rote, braune oder schwarze Färbung verschluckt. Dunkle Steine finden für Trauerschmuck Verwendung, doch am häufigsten erscheint Rutil in Form rotbrauner, nadeliger Einschlüsse in Quarz oder anderen Steinen, wo er durch Reflexion von Licht Asterismus bewirkt.

• **Vorkommen:** In metamorphen oder magmatischen Gesteinen und Alluvialablagerungen in Australien, Brasilien, den USA, Italien, Mexiko und Norwegen.

QUARZ-CABOCHON

POLIERTER QUARZ

ROHLING

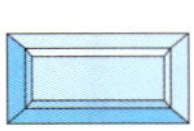
Baguette

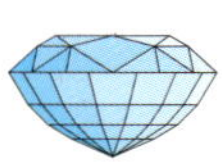
Ceylonschliff

SG 4,25	BI 2,62–2,90	DI 0,287	Glanz Glas- bis Metallglanz

Kristallstruktur Tetragonal	Zusammensetzung Zirconiumsilicat	Mohshärte 7,5

Zirkon

Zirkon ist vor allem in seiner farblosen Form bekannt, in der er – vorsätzlich, aber auch versehentlich – als Diamantersatz verwendet wird. Im Reinzustand farblos, entstehen durch Einlagerungen gelbe, orange, blaue, rote, braune und grüne Varietäten. Braune Steine aus Thailand, Vietnam und Kambodscha werden häufig hitzebehandelt und erhalten dadurch das von der Schmuckindustrie geschätztere Blau oder werden farblos. Blaue Steine, die ins Braun zurückfallen, müssen nur neu gebrannt werden. Unter Sauerstoff erhitzte blaue Zirkone verändern ihre Farbe zu Goldgelb. Vom Diamant unterscheidet sich Zirkon durch seine Doppelbrechung und durch geringere Härte (die Facetten werden leicht beschädigt). Als Imitate dienen Glas und synthetischer Spinell. Einige Zirkone enthalten radioaktives Thorium und Uran, das letztlich zu einer Veränderung der Kristallstruktur führt. Im Endstadium kann dies den Stein fast amorph werden lassen.

• **Vorkommen:** Schleifwürdige Kristalle von Edelsteinqualität findet man meist in Alluvialablagerungen. Sri Lanka ist seit über 2000 Jahren als Fundort bekannt; weitere Lagerstätten gibt es in Birma, Thailand, Kambodscha, Vietnam, Australien, Brasilien, Nigeria, Tansania und Frankreich.

• **Hinweis:** Zirkon soll seinem Besitzer Weisheit, Ehre und Reichtum verschaffen, während eine beginnende Trübung auf drohende Gefahren hinweist. Der Name kommt vom arabischen »Zargun«, das sich vom persischen Wort für »Goldfarbe« ableitet.

Treppenschliff

Brillantschliff

Grüner Zirkon

Ceylonschliff

Ceylonschliff

Kristalle in der Matrix

SG 4,69	BI 1,93–1,98	DI 0,059	Glanz Harz- bis Diamantglanz

BRILLANTSCHLIFF

RUNDER BRILLANTSCHLIFF

ZIRKON AUS DEM FLUSSBETT

TREPPENSCHLIFF

CEYLONSCHLIFF

ZIRKONRINGE

Diamantglanz, starke Doppelbrechung, Härte und reiche Farbpalette machen den Zirkon zu einem beliebten Schmuckstein. Leider sind die gefaßten Steine recht brüchig und werden deshalb leicht beschädigt.

TETRAGONALER ZIRKON-KRISTALL

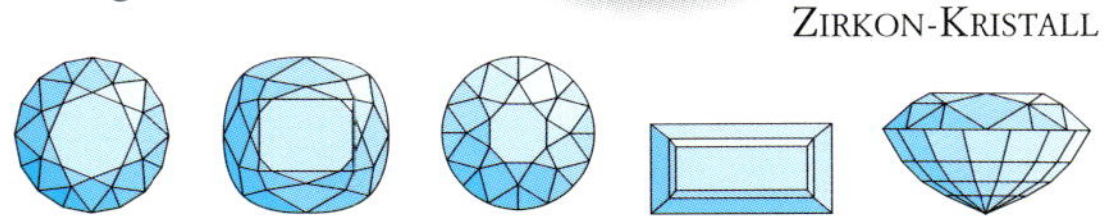

Kristallstruktur Tetragonal	Zusammensetzung Calcium-Aluminium-Silicat	Mohshärte 6,5

VESUVIAN

Kleine, perfekt geformte Kristalle dieses Minerals wurden erstmals auf dem Vesuv entdeckt. Der auch Idokras genannte Stein weist rote, gelbe, grüne, braune oder violette Färbung auf und wird meist nur für Sammler geschliffen. Die Kristalle sind normalerweise dicke Prismen mit quadratischem Querschnitt.

• **Vorkommen:** Es gibt mehrere Varietäten: Californit aus Kalifornien (grün); blauer Cyprin aus Norwegen; gelbgrüner Xanthit aus New York; grüner Wiluit aus der GUS. Weitere Fundorte sind Österreich, Kanada, Italien und die Schweiz.

• **Hinweis:** Verwechslungsmöglichkeit mit Demantoid-Granat, Diopsid, Epidot, Rauchquarz, Turmalin, Zirkon und Peridot (Olivin).

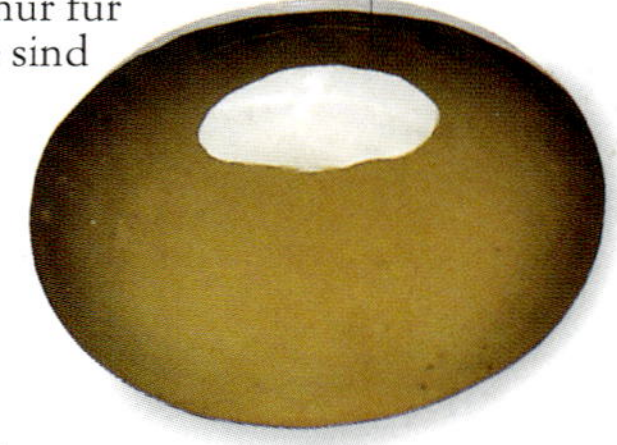

CALIFORNIT-CABOCHON

CEYLONSCHLIFF

VESUVIAN-KRISTALL

VESUVIAN-KRISTALLE

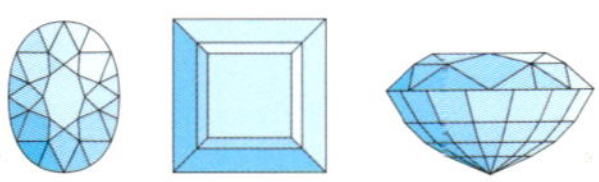

Brillantschliff Treppenschliff Ceylonschliff

SG 3,40	BI 1,70–1,75	DI 0,005	Glanz Glas- bis Diamant-Glanz

Kristallstruktur Tetragonal	Zusammensetzung Natrium-Aluminium-Beryllium-Silicat	Mohshärte 6

TUGTUPIT

Tugtupit wurde erstmals 1960 in Grönland gefunden, wo er auch zu Schmuck verarbeitet wird. Die Farbpalette reicht von Blaßrosa über Dunkelrot bis zu Orangetönen. Im Dunkeln verblassen helle Steinteile, gewinnen aber im Licht ihre Farbe zurück.

• **Vorkommen:** Das opake, derbe Material findet man in Pegmatit-Adern in Grönland, aber auch in Rußland.

• **Hinweis:** Der Name des Minerals wurde nach dem Fundort, Tugtup, Grönland, gewählt und bedeutet Rentierstein.

ANGESCHLIFFENER STEIN

TUGTUPIT-ROHSTÜCK

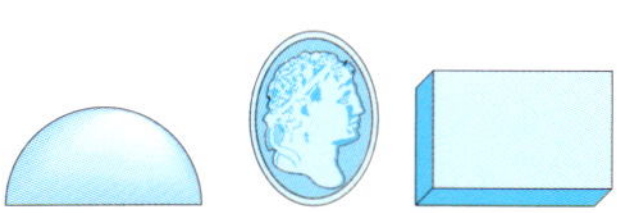

Cabochon Kamee Tafelschliff

SG 2,40	BI 1,49–1,50	DI 0,006	Glanz Glasglanz

Kristallstruktur Hexagonal	Zusammensetzung Beryllium-Aluminium-Silicat	Mohshärte 7,5

SMARAGD (BERYLL)

Sein prachtvolles Grün verdankt der Smaragd dem Gehalt an Chrom und Vanadium. Smaragde sind selten makellos, weshalb die meisten Steine geölt werden. Um den Materialverlust gering zu halten, bevorzugt man den Treppenschliff (der deshalb oft auch Smaragdschliff heißt). Sehr stark »verunreinigte« Smaragde werden vorwiegend zu Kameen, Intaglien und Kugeln verarbeitet.

• **Vorkommen:** In Graniten, Pegmatiten und Schiefern sowie Alluvialablagerungen. Die schönsten Smaragde stammen aus Kolumbien. Weitere Lagerstätten gibt es in Österreich, Indien, Australien, Brasilien, Südafrika, Ägypten, den USA, Norwegen, Pakistan und Simbabwe.

• **Hinweis:** Im Altertum kamen die meisten Smaragde aus den einst weltberühmten Minen der Kleopatra (Ägypten).

PENDELOQUE

Tremolit-Einschlüsse kommen als kurze oder lange Fasern vor.

OKTOGONALER CABOCHON

GESCHLIFFENER NATURSTEIN

Synthetische Smaragde weisen typische schleier- oder wolkenartige Einschlüsse auf.

CEYLONSCHLIFF

SYNTHETISCHER PENDELOQUE

HEXAGONALER KRISTALL

KRISTALL IN DER MATRIX

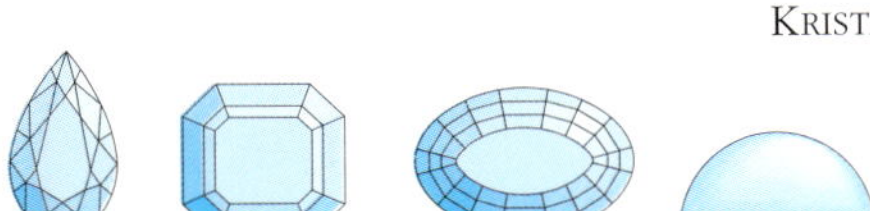

SG 2,71	BI 1,57–1,58	DI 0,006	Glanz Glasglanz

Kristallstruktur Hexagonal	Zusammensetzung Beryllium-Aluminium-Silicat	Mohshärte 7,5

AQUAMARIN (BERYLL)

Im 19. Jahrhundert bevorzugte man meergrünen Aquamarin, und tatsächlich bedeutet der (lateinische) Name dieses Edelsteins ja auch »Meerwasser«. Heute gelten hell- und tiefblaue Steine als besonders wertvoll. Aquamarine sind dichroitisch, d.h. sie wirken aus unterschiedlichen Richtungen betrachtet einmal blau und einmal farblos. Kristalle von Edelsteinqualität sind hexagonal, bis zu einem Meter lang und frei von Einschlüssen. Lediglich entlang der Kristallflächen tritt Streifung auf. Zur Steigerung der Farbintensität werden die Tafelfacetten häufig parallel zur Kristallänge geschnitten.

• **Vorkommen:** Die qualitativ hochwertigsten Aquamarine werden in Brasilien gefördert, wo er – hier Cascalho genannt – in Pegmatiten und Alluvialablagerungen vorkommt. Weitere Fundorte sind der Ural (Rußland), Afghanistan, Pakistan, Indien und Nigeria. Eine dunkelblaue Varietät kommt aus Madagaskar.

• **Hinweis:** Fast alle Steine auf dem Markt wurden zur Farbverstärkung hitzebehandelt. Bei Überhitzung wird Aquamarin aber gelegentlich farblos.

TREPPENSCHLIFF

CABOCHON

TREPPENSCHLIFF

TREPPENSCHLIFF

BRILLANTSCHLIFF

AQUAMARIN-KRISTALLE

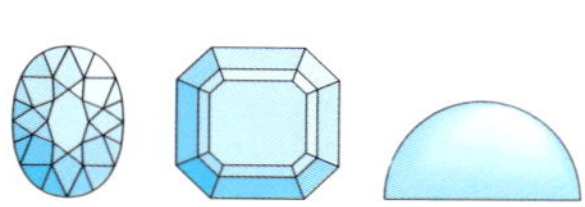

SG 2,69	BI 1,57–1,58	DI 0,006	Glanz Glasglanz

Kristallstruktur Hexagonal	Zusammensetzung Beryllium-Aluminium-Silicat	Mohshärte 7,5

HELIODOR (BERYLL)

Der Name dieses gelben oder goldgelben Berylls heißt übersetzt »Geschenk der Sonne«. Steine von Edelsteinqualität sind selten, häufiger findet man Kristalle mit röhrenförmigen Einschlüssen, die mit bloßem Auge erkennbar sind.

• **Vorkommen:** Heliodor tritt zusammen mit Aquamarin in Pegmatiten auf. Die hochwertigsten Steine kommen aus dem Ural (Rußland), brasilianischer Heliodor ist häufig blaßgelb und wird, um mehr Farbtiefe zu erhalten, im Treppenschliff facettiert. Weitere Fundorte sind Madagaskar, Ukraine, Namibia und die USA.

SCHERENSCHLIFF

PHANTASIESCHLIFF

HELIODOR-KRISTALLE IN DER MATRIX

Navette

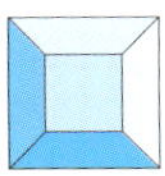

Tafelschliff

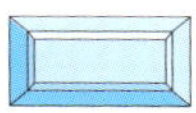

Baguette

SG 2,80	BI 1,57–1,58	DI 0,005	Glanz Glasglanz

Kristallstruktur Hexagonal	Zusammensetzung Beryllium-Aluminium-Silicat	Mohshärte 7,5

GOSHENIT (BERYLL)

Goshenit ist die reine, farblose Beryll-Varietät. Mit einer silbernen oder grünen Metallfolie hinterlegt und in eine geschlossene Fassung eingearbeitet (um die Folie zu verbergen), werden facettierte Goshenite zuweilen als Diamant oder Smaragd angeboten.

• **Vorkommen:** Goshenit verdankt seinen Namen dem ersten Fundort Goshen, Massachusetts (USA). Heute fördert man ihn auch in Kanada, Brasilien und in den Ländern der ehemaligen UdSSR.

• **Hinweis:** Aus farblosem Beryll wurden früher Augengläser gefertigt. Daher stammt auch unser Wort »Brille«.

PHANTASIESCHLIFF

BRILLANTSCHLIFF

GOSHENIT-KRISTALL

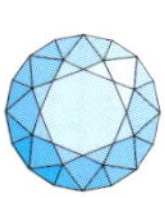

Brillantschliff

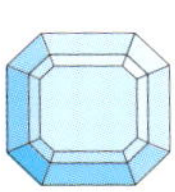

Treppenschliff

Ceylonschliff

SG 2,80	BI 1,58–1,59	DI 0,008	Glanz Glasglanz

Kristallstruktur Hexagonal	Zusammensetzung Beryllium-Aluminium-Silicat	Mohshärte 7,5

MORGANIT (BERYLL)

Die rosa, pfirsich- oder violettfarbenen Beryll-Varietäten sind nach dem amerikanischen Bankier und Edelsteinsammler J. Pierpont Morgan benannt. Morganit (farbgebende Substanz ist Mangan) kommt meist in kurzen, gedrungenen Prismen vor und weist Dichroismus auf – entweder zwei unterschiedliche Töne der Grundfarbe oder eine Farbe und farblos.

• **Vorkommen:** Der erste bekannte Morganit war ein blaßrosa Stein aus Kalifornien (USA), wo er mit Turmalin zusammen auftritt. Besonders schöner Morganit kommt heute aus Madagaskar. In Brasilien fördert man reinrosa Kristalle sowie Mischkristalle aus Morganit und Aquamarin. Weitere Fundorte sind Elba (Italien), Moçambique, Namibia, Simbabwe und Pakistan.

• **Hinweis:** Steine mit Gelbstich erhalten durch Hitzebehandlung ein reineres Rosa.

GEMISCHTER SCHLIFF

BRILLANTSCHLIFF

BRIOLETT

BRILLANTSCHLIFF

MORGANIT-ROHSTÜCK

Brillantschliff

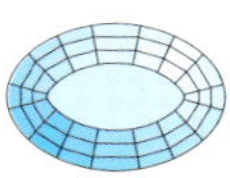

Treppenschliff

SG 2,80	BI 1,58–1,59	DI 0,008	Glanz Glasglanz

Kristallstruktur Hexagonal	Zusammensetzung Beryllium-Aluminium-Silicat	Mohshärte 7,5

ROTER BERYLL

Sehr selten (und noch seltener als Schmuckstein geschliffen), zeigt roter Beryll eine ungewöhnlich tiefrote Färbung, die durch das Mangan bedingt ist.

• **Vorkommen:** In Rhyolithen in den Thomas Mountains und den Wah Wah Mountains in Utah (USA).

• **Hinweis:** Roter Beryll heißt auch Bixbit.

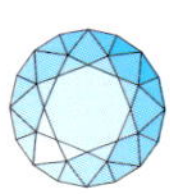

Brillantschliff

KRISTALL IN DER MATRIX

SG 2,80	BI 1,58–1,59	DI 0,008	Glanz Glasglanz

Kristallstruktur Hexagonal	Zusammensetzung Calciumphosphat	Mohshärte 5

APATIT

Mit einem Wert von gerade 5 auf der Mohs-Skala wird Apatit selten und nur für Sammler geschliffen. Korrekt facettiert, zeigen die Steine jedoch kräftige Farbe. Durchsichtig bis opak, tritt Apatit in farblosen, gelben, blauen, violetten oder grünen hexagonalen Prismen und tafeligen Kristallen auf.

• **Vorkommen:** Apatit findet man in vielen Gesteinsarten, das hochwertigste Material jedoch meist in Verbund mit Pegmatiten. Blauer birmesischer Apatit ist stark dichroistisch und zeigt sich entweder blau oder farblos. Blauer Apatit aus Birma und Sri Lanka wird häufig als Cabochon geschliffen und weist dann Katzenaugeneffekt auf. Ähnliche Steine, aber auch gelbe, blaue und grüne Varietäten findet man in Brasilien. Weitere Fundorte sind Rußland, Kanada, Ostafrika, Schweden, Spanien und Mexiko.

• **Hinweis:** Spanischer Apatit heißt wegen seiner gelbgrünen Farbe auch »Spargelstein«.

KATZENAUGEN-CABOCHON

BRILLANTSCHLIFF

TREPPENSCHLIFF

TREPPENSCHLIFF

CEYLONSCHLIFF

TREPPENSCHLIFF

APATIT-KRISTALL

APATIT-KRISTALLE IM MUTTERGESTEIN

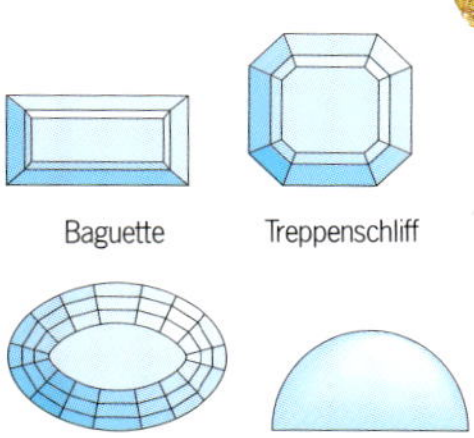

SG 3,20	BI 1,63–1,64	DI 0,003	Glanz Glasglanz

Kristallstruktur Hexagonal	Zusammensetzung Beryllium-Magnesium-Aluminium-Oxid	Mohshärte 8

TAAFFEIT

Taaffeit ist sehr selten und der einzige Schmuckstein, der erst nach dem Facettieren als neue Mineralart anerkannt wurde. Das erste Exemplar (rechts) fand Graf Taaffe in Irland: Es sah aus wie ein Spinell im Ceylonschliff und hatte einen leichten Stich ins Violette. Später fand man heraus, daß es sich dabei um ein neues, doppelbrechendes Mineral und nicht um einen einfachbrechenden Spinell handelte. Seither wurden mehrere Exemplare in verschiedenen Färbungen entdeckt.

- **Vorkommen:** Taaffeit findet man in Sri Lanka, China und den GUS-Staaten.
- **Hinweis:** Bisher scheint es keine künstlichen Taaffeite zu geben.

Brillantschliff Oval Ceylonschliff

CEYLONSCHLIFF

RUNDER BRILLANTSCHLIFF

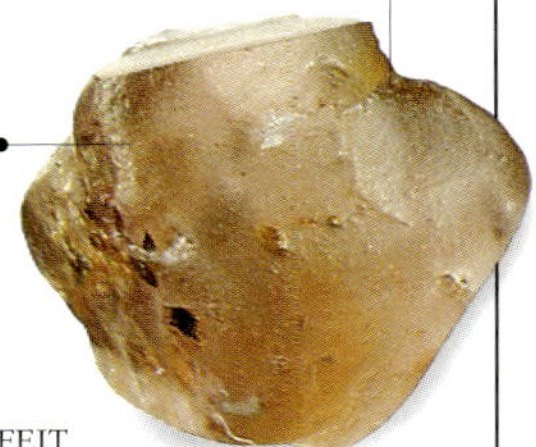

ROH-TAAFFEIT

SG 3,61	BI 1,72–1,77	DI 0,004	Glanz Glasglanz

Kristallstruktur Hexagonal	Zusammensetzung Barium-Titan-Silikat	Mohshärte 6,5

BENITOIT

Die blauen Kristalle des Benitoit wurden erstmals 1906 entdeckt und zunächst für Saphire gehalten. Benitoite haben die Form eines abgeflachten Dreiecks und eine dem Diamant ähnliche starke Dispersion, die jedoch durch die Färbung kaum zum Ausdruck kommt. Die Doppelbrechung ist ausgeprägt: Von verschiedenen Seiten betrachtet, wirkt der Stein entweder blau oder farblos. Farblose Kristalle werden kaum geschliffen.

- **Vorkommen:** In Schiefern; es gibt nur einen einzigen Fundort, den San Benito County, Kalifornien (USA).

Brillantschliff Oval Ceylonschliff

BRILLANTSCHLIFF

BRILLANTSCHLIFF

TEIL EINES BENITOIT-KRISTALLS

BENITOIT-KRISTALLE IN DER MATRIX

SG 3,67	BI 1,76–1,80	DI 0,047	Glanz Glasglanz

Kristallstruktur Trigonal	Zusammensetzung Siliciumdioxid	Mohshärte 7

BERGKRISTALL (QUARZ)

Der farblose und durchsichtige Bergkristall ist die am weitesten verbreitete Quarzvarietät. Meist werden die Kristalle als farblose, pyramidal zulaufende sechsseitige Prismen gefunden; häufig kommt es zu vertikaler Streifung und Zwillingsbildung. Die Spaltbarkeit ist gering, der Bruch muschelig.

• **Vorkommen:** Bergkristall findet man überall auf der Erde. Die bedeutendsten Fundorte liegen jedoch in Brasilien. Schöne Exemplare findet man auch in den Alpen, auf Madagaskar sowie in den Staaten der GUS und in den USA.

• **Hinweis:** Der Name leitet sich vom griechischen »krystallos« (= Eis) ab, weil man Bergkristalle für von Göttern geschaffenes Eis hielt. Schon im Mittelalter ließen sich Wahrsagerinnen ihre Kristallkugeln aus Bergkristall fertigen. Heute wird er für Lampen und Linsen verwendet und dient zur Herstellung von Präzisionsinstrumenten. Seit 1950 kommt synthetischer Bergkristall bei der Uhrenfabrikation zum Einsatz.

RUNDER BRILLANTSCHLIFF

CEYLONSCHLIFF

POLIERTE PERLE

POLIERTER BERGKRISTALL
Diese flache, geschliffene Scheibe wurde mit Gravuren und einem mehrfarbigen Emaillemonogramm verziert.

EINZELKRISTALL

KRISTALLE

Kugel

Kamee

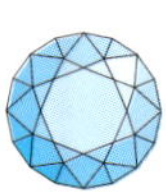

Brillantschliff

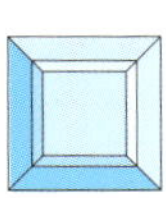

Quadrat

SG 2,65	BI 1,54–1,55	DI 0,009	Glanz Glasglanz

Kristallstruktur Trigonal	Zusammensetzung Siliciumdioxid	Mohshärte 7

AMETHYST (QUARZ)

Kristalliner Quarz in den Farben Violett, Zartlila und Mauve. Amethyste sollen für einen klaren Kopf sorgen. Aus verschiedenen Richtungen betrachtet, zeigt der Stein unterschiedliche Färbung. Normalerweise in Treppen- oder Ceylonschliff facettiert, enthält der Amethyst zahlreiche Einschlüsse, die an Tigerstreifen oder Federn erinnern. Beim Erhitzen ändert der Stein seine Farbe zu Gelb oder Braun und wird so zum Citrin. Mischformen aus Citrin und Amethyst bezeichnet man als Ametrin.

• **Vorkommen:** Amethyste kommen vorwiegend in Anschwemmungen und Geoden vor. Steine aus dem Ural (Rußland) weisen eine leichte Rotfärbung auf, kanadische sind eher violett. Weitere Fundorte sind Brasilien, Sri Lanka, Indien, Uruguay, Madagaskar, die USA, Deutschland, Australien, Namibia und Sambia.

• **Hinweis:** Qualitativ minderwertiges Material wird häufig in Kugelform angeboten.

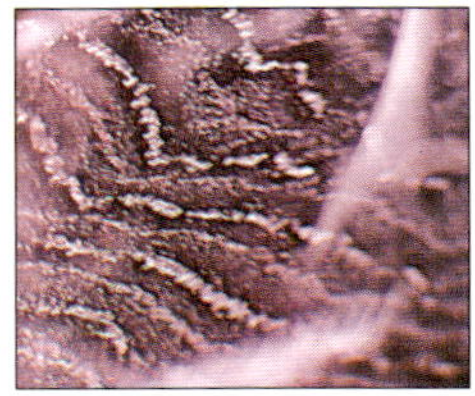

Einschlüsse in Tigerstreifung kommen von flüssigkeitsgefüllten Kanälen.

KRAWATTENNADEL
Schmuckstücke aus Amethyst wie diese geschmackvolle Krawattennadel mit Treppenschliff waren im 19. Jahrhundert sehr beliebt.

Typische purpurviolette Färbung

OVAL

Purpurfarbener Stein aus Rußland

Geschliffene, konvexe Oberfläche

HEXAGONALER GEMISCHTER SCHLIFF

Zweifarbigkeit durch Zwillingsbildung

Querschnitt durch einen Amethystkristall

SCHNITT DURCH EINEN AMETHYSTKRISTALL

Zur Spitze hin wird der Amethystkristall dunkler

AMETHYSTKRISTALLE IM VERBUND MIT BERGKRISTALL

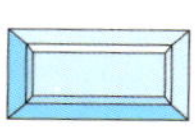

Baguette

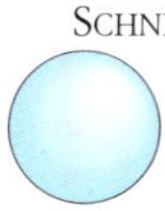

Kugel

Ceylonschliff

SG 2,65	BI 1,54–1,55	DI 0,009	Glanz Glasglanz

Kristallstruktur	Zusammensetzung	Mohshärte
Trigonal	Siliciumdioxid	7

CITRIN (QUARZ)

Die gelbe oder goldgelbe Varietät des Amethyst heißt Citrin. Die Farbe, die der Stein seinem Eisengehalt verdankt, ist auch für den Namen verantwortlich (von »citrus«). Natürliche Citrine sind sehr selten und meist blaßgelb; im Handel sind vorwiegend hitzebehandelte Amethyste (siehe links).

• **Vorkommen:** Naturfarbene Citrinkristalle in Schmucksteinqualität sind selten. Das beste Rohmaterial findet man in Brasilien, Spanien, Madagaskar und der GUS.

• **Hinweis:** Citrin wird als Topas-Imitation angeboten (Bahia-Topas).

OVAL

PENDELOQUE

CITRIN-KRISTALL

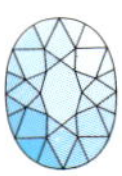

Oval

Pendeloque

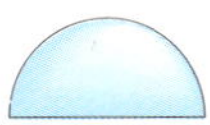

Cabochon

SG	BI	DI	Glanz
2,65	1,54–1,55	0,009	Glasglanz

Kristallstruktur	Zusammensetzung	Mohshärte
Trigonal	Siliciumdioxid	7

ROSENQUARZ

Aus Rosenquarz, der rosen- oder pfirsichfarbenen Quarzvarietät, werden vorwiegend kunstgewerbliche Gegenstände gefertigt. Die Färbung ist auf einen geringen Titangehalt zurückzuführen. Klar ausgebildete Kristalle sind ausgesprochen selten, meist kommt der Quarz in großen Rohstücken vor, die dann zu Cabochons oder Kugeln geschliffen werden. Aufgrund seiner Sprödigkeit ist Rosenquarz fast immer trüb und rissig. Rutileinschlüsse können beim Cabochonschliff einen Lichtstern erscheinen lassen.

• **Vorkommen:** Die meisten kommen aus Brasilien, die schönsten aus Madagaskar. Weitere Fundorte sind Schottland, die GUS, Colorado (USA) und Spanien.

INTAGLIO

Intaglien (Gemmen mit vertieftem Bild) erfreuten sich im antiken Rom großer Beliebtheit.

BRILLANTSCHLIFF

ROSENQUARZ-KRISTALLE

Kugel

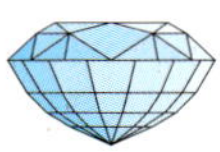

Ceylonschliff

Kamee

SG	BI	DI	Glanz
2,65	1,54–1,55	0,009	Glasglanz

Kristallstruktur Trigonal	Zusammensetzung Siliciumdioxid	Mohshärte 7

RAUCHQUARZ

Als Rauchquarz bezeichnet man rauchgraue bis braune Quarzkristalle. Sehr dunkle, schwarzbraune Steine bezeichnet man als Morion, Material aus den schottischen Cairngorm Mountains auch als Cairngorm. Wird farbloser Quarz radioaktiv bestrahlt, kann er bräunlich werden, woraus sich schließen läßt, daß Rauchquarz durch natürliche unterirdische Radioaktivität entstand. Rauchquarzkristalle sind hexagonale Prismen mit pyramidenförmigen Enden und weisen häufig Rutileinschlüsse auf.

• **Vorkommen:** In Brasilien wurden bis zu 300 kg große Stücke gefunden. Weitere Lagerstätten in Madagaskar, den Alpen, Colorado (USA), Australien und Spanien.

• **Hinweis:** Ein Großteil des angebotenen Rauchquarzes ist bestrahlter Bergkristall. Verwechslungsmöglichkeit mit Andalusit, Axinit, Idokras und braunem Turmalin.

RAUCHQUARZ IM MODESCHLIFF

RAUCHQUARZ IM BRILLANTSCHLIFF

SCHNUPFTABAK-FLASCHE

Wie die meisten Quarzvarietäten läßt sich Rauchquarz zu vielerlei Formen verarbeiten. Dieses Schnupftabakfläschchen mit rotem Stöpsel und Löffel stammt aus China.

MORION-KRISTALL

INTAGLIO

Bei dieser Gemme wurde das Bild in Rauchquarz graviert und in ein poliertes Obsidian-Oval eingesetzt. Intaglien waren im alten Rom sehr beliebt, und das abgebildete zeigt einen Römer mit Helm.

VOM WASSER GEGLÄTTETER CAIRNGORM-KRISTALL

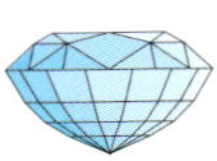

Ceylonschliff

Kamee

SG 2,65	BI 1,54–1,55	DI 0,009	Glanz Glasglanz

Kristallstruktur Trigonal	Zusammensetzung Siliciumdioxid	Mohshärte 7

AVENTURIN-QUARZ

Diese Quarzart enthält kleine Kristalleinschlüsse, die das Licht reflektieren und dem Stein verschiedene Farben verleihen. Je nach Art der Einlagerungen gibt es grünen (eingelagerter Chromglimmer), braunen und roten (Eisenglanzplättchen) Aventurin. Andere Einlagerungen führen zu braungrüner, bläulich-weißer, blaugrüner oder oranger Färbung.

• **Vorkommen:** Aventurin kommt hauptsächlich in Brasilien, Indien und Rußland vor; weitere Fundorte sind die USA, Japan und Tansania.

• **Hinweis:** Aventurin-Quarz wird häufig mit Aventurin-Feldspat, Amazonit und Jade verwechselt. Seine Glas-Imitation heißt »Goldfluß« und enthält winzige Kupferflitterchen. Bereits bei 10facher Vergrößerung werden diese Einlagerungen sichtbar.

CABOCHON

GESCHLIFFENE PLATTE

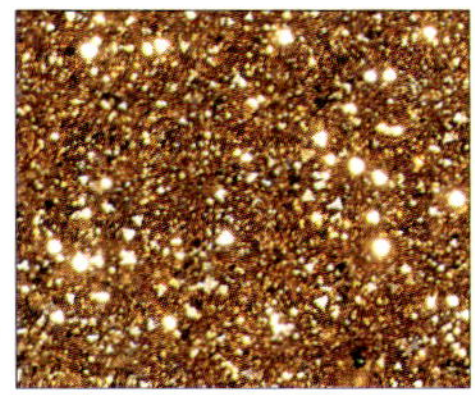

Bei 10facher Vergrößerung sieht man die Flitter des »Goldflusses«.

AVENTURIN-ROHSTÜCK

Cabochon

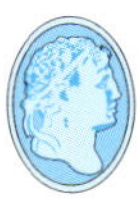

Kamee

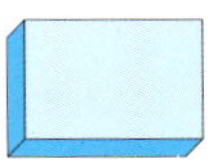

Geschliffen

SG 2,65	BI 1,54–1,55	DI 0,009	Glanz Glasglanz

Kristallstruktur Trigonal	Zusammensetzung Siliciumdioxid	Mohshärte 7

MILCHQUARZ

Das charakteristische milchige Weiß dieser Quarzvarietät resultiert aus Gas- und Flüssigkeitseinlagerungen, wobei Größe und Menge der Einschlüsse den Grad der Trübung bestimmen. Milchquarze sind hexagonale Prismen mit Pyramidenspitzen.

• **Vorkommen:** Sehr große Kristalle findet man in Sibirien. Weitere Fundorte sind Brasilien, die Alpen, Madagaskar, die USA und Namibia.

• **Hinweis:** Poliert oder als Cabochon ist Milchquarz mit Opal zu verwechseln.

Brillantschliff

Kamee

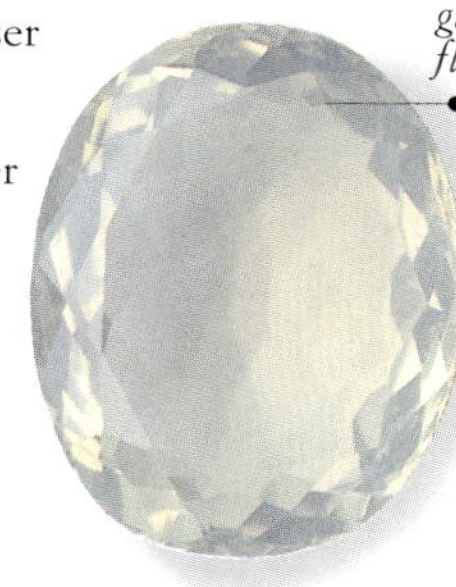

OVAL

HEXAGONALER KRISTALL

SG 2,65	BI 1,54–1,55	DI 0,009	Glanz Glasglanz

Kristallstruktur	Zusammensetzung	Mohshärte
Trigonal	Siliciumdioxid	7

TIGERAUGE

Alle drei hier beschriebenen Quarzaggregate sind faserig mit Einlagerungen von Krokydolith, die den berühmten Flächenschimmer bewirken. Besonders schön kommt dieser Schiller bei mugeligen Schliffarten zum Ausdruck. Die unterschiedlichen Farben der einzelnen Steine hängen mit der Art der Einlagerungen zusammen. Das Tigerauge ist gewöhnlich schwarz mit gelb-goldener Eisenoxid-Streifung. Falkenaugen entstehen bei der Umwandlung von Krokydolith zu Quarz, wobei die blaugraue oder blaugrüne Farbe erhalten bleibt. Das grau-gelbe Quarzkatzenauge weist im Gegensatz zu Tiger- und Falkenauge durchscheinende Transparenz auf.

- **Vorkommen:** Katzenaugen-Quarz findet man in Sri Lanka, Indien und Brasilien. Die wichtigsten Lagerstätten von Tiger- und Falkenauge liegen in Südafrika, weitere Fundorte sind Australien und die USA.
- **Hinweis:** Katzenaugen-Quarz darf nicht mit Katzenauge (ohne Beiwort) verwechselt werden, da dieser Name dem Katzenauge des Chrysoberylls vorbehalten ist.

TIGERAUGE (ANGESCHLIFFEN)

GESCHLIFFENES TIGERAUGE

FALKENAUGE-ROHSTÜCK

FALKENAUGE-KÄSTCHEN

Dieses Zigaretten-Kästchen besteht aus geschliffenem blauem Falkenauge. Die Faserstruktur ist noch deutlich erkennbar. Die schmalen gelben Wellen kommen von Oxidation.

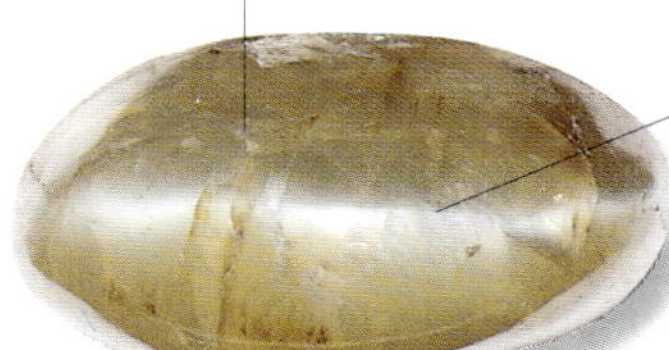

QUARZ-KATZENAUGE-CABOCHON

QUARZ-KATZENAUGE-ROHSTÜCK

Kugel Cabochon Geschliffen

SG	BI	DI	Glanz
2,65	1,54–1,55	0,009	Glasglanz

Kristallstruktur Trigonal	Zusammensetzung Siliciumdioxid	Mohshärte 7

Quarz mit Einschlüssen

Quarzstücke mit mineralischen Einschlüssen sind häufig und sehr attraktiv. Vor allem Rutilnadeln bilden interessante Muster. Rutilkristalle treten in Rot, Schwarz und messingartigem Gelb auf und haben metallischen Glanz. Von seltener Schönheit sind Steine mit Turmalin-Einschlüssen, die ebenfalls in Nadelform, aber auch als Prismen vorkommen. Opake, metallisch-gelbe Einschlüsse findet man im sogenannten »Goldquarz«. Auch Silbereinschlüsse kommen vor, oft in Form von Dendriten; sie sind silbergrau oder schwarz, opak und metallisch im Glanz. Die Eisenminerale Goethit und Pyrit bilden ebenfalls Einschlüsse in Quarz. Als Cabochon geschliffen, kann Quarz mit Goethit den edlen Katzenaugeneffekt entwickeln.

• **Vorkommen:** Quarz mit Einschlüssen gibt es in Madagaskar, Brasilien, Südafrika, Sri Lanka, Indien, Deutschland und der Schweiz.

Parfumflakon
Dieses Quarzstück enthält nadelfeine schwarze Turmalinkristalle. Es wurde in Form geschliffen, poliert und diente zur Aufbewahrung von Parfum.

Quarz mit Rutileinschlüssen an der Matrix

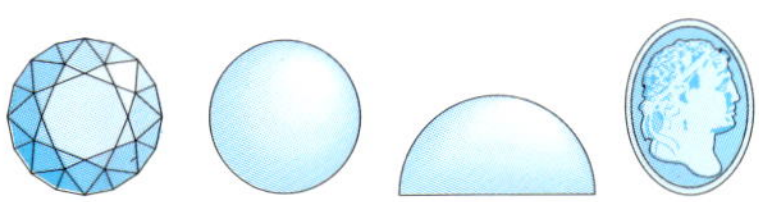

SG 2,65	BI 1,54–1,55	DI 0,009	Glanz Glasglanz

Kristallstruktur Trigonal	Zusammensetzung Siliciumdioxid	Mohshärte 7

Feuerachat (Chalcedon)

Der Feuerachat gehört zur Chalcedon-Familie der mikrokristallinen Quarze. Diese sind entweder solide durchgefärbte Steine oder weisen faserige oder dendritische Einschlüsse (Achat) auf. Der charakteristische Regenbogeneffekt des Feuerachats wird durch Einlagerung von Eisenoxidplättchen hervorgerufen.

• **Vorkommen:** Feuerachate findet man in Arizona (USA) und Mexiko.

• **Hinweis:** Irisquarz zeigt ein ähnliches Irisieren, das jedoch mit inneren Rissen und Sprüngen zusammenhängt.

Feuerachat-Cabochon

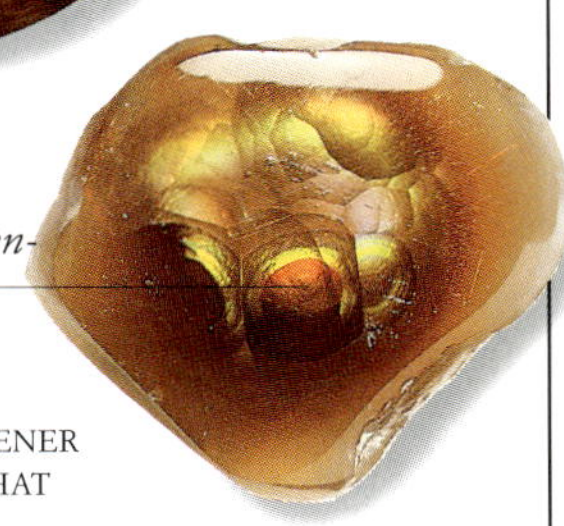

Geschliffener Feuerachat

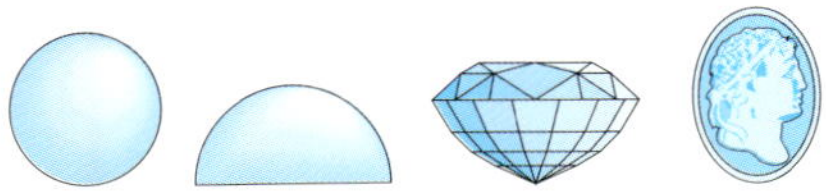

SG 2,61	BI 1,53–1,54	DI 0,004	Glanz Glasglanz

Kristallstruktur	Zusammensetzung	Mohshärte
Trigonal	Siliciumdioxid	7

ACHAT (CHALCEDON)

Achat bildet sich bevorzugt in Hohlräumen von Lavagesteinen. Aufgeschnitten bringen die kugeligen oder mandelförmigen Einlagerungen eine Farbvielfalt hervor, die den Achat zusammen mit der streifigen Zeichnung von anderen Chalcedonarten unterscheidet (Chalcedon ist die mikrokristalline Quarzvarietät). Die einzelnen Bandfarben hängen mit den verschiedenen Mineralablagerungen zusammen. Da Achat recht porös ist, läßt er sich auch sehr gut färben. Achat tritt in vielen Varietäten auf: Die Zeichnung des Festungsachats etwa erinnert an das Luftbild alter Bastionen; Moosachat ist farblos oder grauweiß mit dunklen moos- oder baumähnlichen (dendritischen) Einschlüssen. Normalerweise zu dünnen Scheiben geschnitten, findet er vielfach als Anhänger oder Broschenstein Verwendung. Holzstein ist verkieseltes Holz, dessen organische Teile durch mineralische Stoffe (Achat) ersetzt wurden.

• **Vorkommen:** Die berühmteste Fundstätte war Idar-Oberstein, wo schon seit 1548 Achat bearbeitet wird. Da die dortigen Vorkommen heute erschöpft sind, wird Achat aus Uruguay und Brasilien importiert. Moosachat findet man in Indien, China und den USA, Holzstein vor allem im Petrified Forest (Arizona). Weitere Lagerstätten liegen in Mexiko, Madagaskar, Italien, Ägypten, Indien, China und Schottland.

GEFÄRBTES, GESCHLIFFENES OVAL

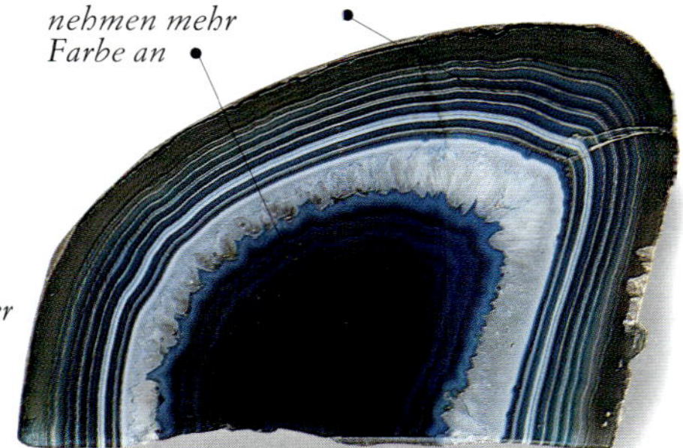

GESCHLIFFENE ACHATMANDEL IM QUERSCHNITT

GESCHLIFFENER SCHNITT

ACHAT-ROHSTÜCK

SG	BI	DI	Glanz
2,61	1,53–1,54	0,004	Glasglanz

Schwarze dendritische Einschlüsse

Blaß cremefarbener Hintergrund

MOOSACHAT GESCHLIFFEN

Eisenoxide und Hydroxide bilden baumartige Einschlüsse

Die Einschlüsse vermitteln den Eindruck einer Landschaftsszene

LANDSCHAFTS- ODER DENDRITENACHAT

Grüne, moosartige Einschlüsse

Weiße Quarzkristalle

MOOSACHAT-ROHSTÜCK

Die Zeichnung erinnert an alte Festungsanlagen

ACHAT-SCHALE

Achat läßt sich relativ leicht bearbeiten. Ein so prachtvolles Stück wie diese Schale stammt freilich aus Meisterhand. Die konzentrischen Bänder sind typisch.

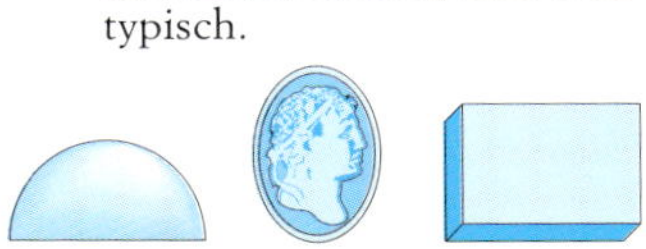

Cabochon Kamee Tafelschliff

Farblose Quarzkristalle

Parallele, aber winkelige Bänder

FESTUNGSACHAT-ROHSTÜCK

Kristallstruktur	Zusammensetzung	Mohshärte
Trigonal	Siliciumdioxid	7

Onyx, Sarder und Sard-Onyx (Chalcedon)

Onyx, Sarder und Sard-Onyx sind Varietäten des mikrokristallinen Quarzes Chalcedon. Onyx ist dem Achat (siehe S. 88f) verwandt, zeigt aber eher gerade als gekurvte, meist braun-weiße oder schwarz-weiße Bänder. Sarder ist rotbraun und gleichfalls dem Achat ähnlich. Sard-Onyx, eine Mischung aus den beiden, weist gerade weiße Onyxbänder und das rötliche Braun des Sarder auf. Alle drei Varietäten werden zu kleinen Ziergegenständen, Gemmen oder Kugeln geschnitten. Besonders gut eignen sie sich für Einlegearbeiten. Schon die alten Ägypter wußten um die Kunst, Onyx zu färben. Onyx entsteht auch, wenn man Achat in Zuckerlösung legt und anschließend in Schwefelsäure erhitzt, um die Zuckerpartikel zu karbonisieren. Sarder-Imitate erhält man durch Tränken von Chalcedon mit Kandiszuckerlösung.

• **Vorkommen:** Weltweit. Die Chalcedone entstehen durch Silikatablagerungen in Gaskammern der Lava, wodurch die typische Bänderung entstanden ist.

• **Hinweis:** Onyx-Siegel waren schon bei den Römern beliebt, die ein negatives Bild einschnitten, um einen erhabenen Abdruck zu erzielen. Oft benutzten sie Lagensteine und schnitten in jede Lage ein unterschiedliches Muster.

Blumenkamee
Diese Kamee entstand aus einem Onyx-Lagenstein. Die dunkle, opake Lage wurde in Blumenform weggeschnitten und gibt die darunterliegende helle Schicht frei.

Petschaft
Bei diesem Petschaft wurde Onyx quer zu den verschiedenfarbigen Lagen geschnitten.

Gerade, braun-weiße Bänderung ist charakteristisch für Onyx

Onyx mit weissem Opal

An manchen Stellen glasglänzend

Parallele Bänder unterschiedlicher Farbe

Angeschliffener Onyx

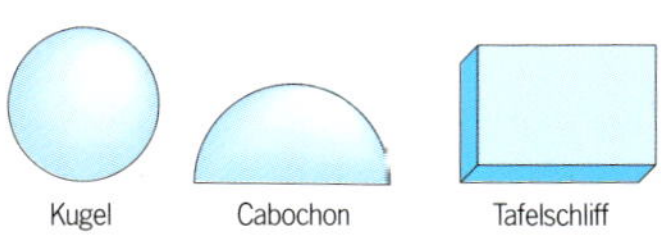

SG	BI	DI	Glanz
2,61	1,53–1,54	0,004	Glasglanz

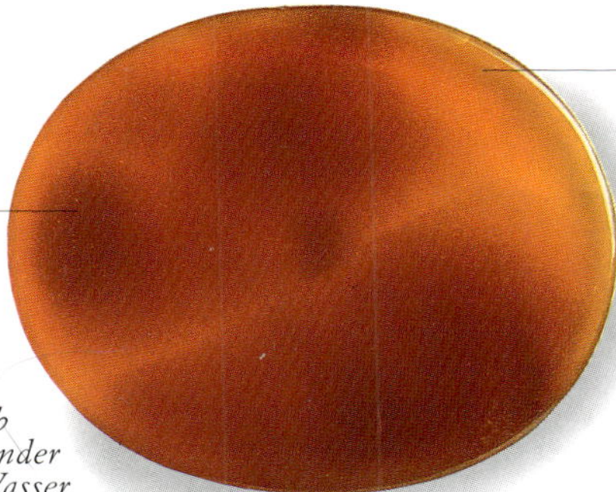

SARDER, OVAL GESCHLIFFEN

SARDER-KIESEL

SARDER-ROHSTÜCK

GESCHLIFFENER SARD-ONYX

SARD-ONYX-KAMEE

Bei dieser herrlichen Arbeit wurden aus drei verschiedenfarbigen Lagen ein Frauenkopf und ein geflügelter Drache geschnitten. Den Rand ziert eine Lorbeergirlande.

SARD-ONYX-ROHSTÜCK

Kristallstruktur Trigonal	Zusammensetzung Siliciumdioxid	Mohshärte 7

CHRYSOPRAS/PRASEM (CHALCEDON)

Schon im antiken Griechenland und Rom war der durchscheinende, apfelgrüne Chrysopras die geschätzteste Chalcedon-Varietät. Die Farbe, die durch Nickeleinlagerungen bedingt ist, kann unter Sonneneinstrahlung verblassen und den Stein wie feine Jade (siehe S. 124f) aussehen lassen.

• **Vorkommen:** In Polen und der ehemaligen Tschechoslowakei wurde früher hochwertiges Material gefördert. Seit 1965 kommt der beste Chrysopras aus Queensland (Australien). Weitere Fundorte sind der Ural, Kalifornien, Brasilien und Österreich.

• **Hinweis:** Ein weiterer Chalcedon, Prasem (Smaragdquarz), ist dunkelgrün und selten.

PRASEM-KAMEE

Als Schmuckbrosche in Gold gefaßt, zeigt dieses herrliche Stück grüner Prasem ein klassisches Kameenbildnis.

CHRYSOPRAS-ROHSTÜCK

Kugel

Cabochon

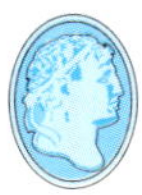

Kamee

SG 2,61	BI 1,53–1,54	DI 0,004	Glanz Glas- bis Wachsglanz

Kristallstruktur Trigonal	Zusammensetzung Siliciumdioxid	Mohshärte 7

JASPIS (CHALCEDON)

Jaspis ist eine derbe, feinkörnige, opake Chalcedon-Varietät und soll gegen Sehstörungen und Dürre helfen. Man findet Jaspis in Brauntönen, Graublau, Rot, Gelb und Grün sowie Mischungen dieser Farben (Buntjaspis). Bandjaspis weist Streifung auf und eignet sich für Kameen, Hornstein ist eine graue Jaspis-Varietät.

• **Vorkommen:** In Indien und Venezuela gibt es roten Jaspis, in den USA verschiedene Farben. Roten und grünen Bandjaspis findet man in Rußland, aber auch Deutschland und Frankreich.

BANDJASPIS-BRUCHSTÜCK

ROTER JASPIS, ROHSTÜCK

ROTER JASPIS, ROHSTÜCK

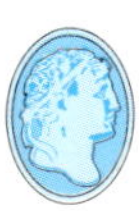

Kamee

Tafelschliff

SG 2,61	BI 1,53–1,54	DI 0,004	Glanz Glasglanz

Kristallstruktur	Zusammensetzung	Mohshärte
Trigonal	Siliciumdioxid	7

KARNEOL (CHALCEDON)

Diese feine, durchscheinende rötlich-orange Chalcedon-Varietät galt in der Antike als blutstillend und besänftigend. Die verschiedenen Farbabstufungen sind durch Eisenoxid bedingt. Manche Steine sind einfarbig, andere zeigen Bänderung.

• **Vorkommen:** Der schönste Karneol kommt aus Indien, wo man ihn in die Sonne legt, um Brauntöne in Rot zu verwandeln.

• **Hinweis:** Bei den meisten erhältlichen Karneolstücken handelt es sich um gefärbten Chalzedon (Brasilien,Uruguay).

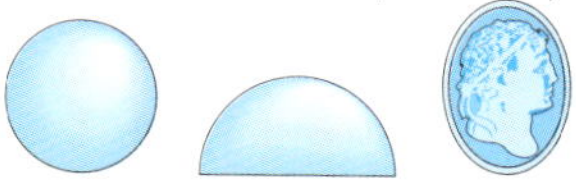

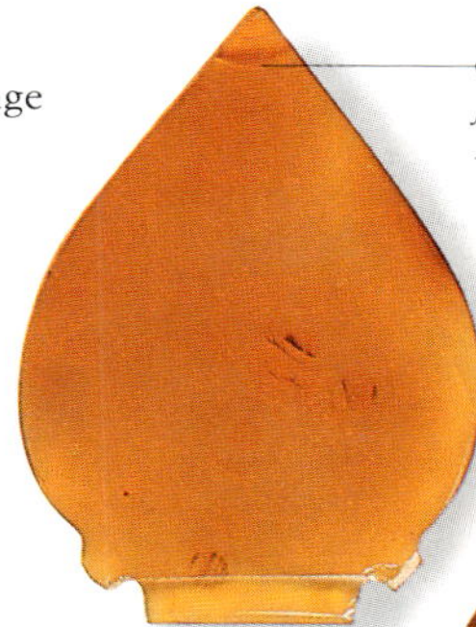

GESCHLIFFENER STEIN

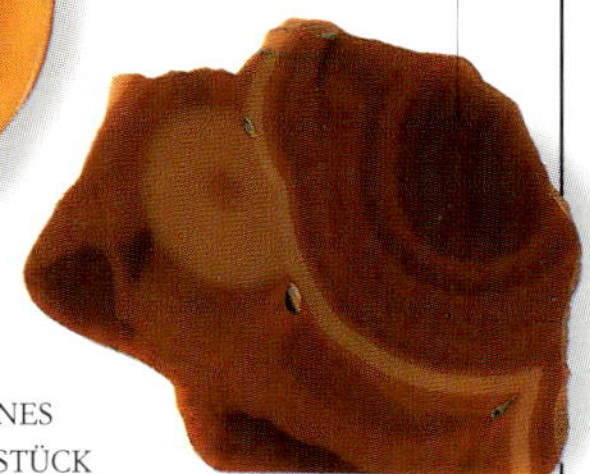

ANGESCHLIFFENES KARNEOL-BRUCHSTÜCK

SG	BI	DI	Glanz
2,61	1,53–1,54	0,004	Glas- bis Wachsglanz

Kristallstruktur	Zusammensetzung	Mohshärte
Trigonal	Siliciumdioxid	7

HELIOTROP UND PLASMA (CHALCEDON)

Heliotrop, auch als Blutjaspis bezeichnet, und Plasma sind beides opake, grüne Chalcedon-Varietäten, die für kleine Skulpturen und Kameen verwendet werden. Die roten Einsprenkelungen des Heliotrop beruhen auf Eisenoxid-Einlagerungen. Plasma ist ebenfalls grün und kann gelbe Tupfen aufweisen.

• **Vorkommen:** Der meiste Heliotrop kommt aus Indien, weitere Fundorte sind Brasilien, China, Australien und die USA. Plasma wird in Simbabwe gefördert.

• **Hinweis:** Im Mittelalter sprach man dem Heliotrop magische Kräfte zu, da man die roten Flecken für Blutstropfen Christi hielt. (Daher auch der englische Name des Heliotrop »Bloodstone«.)

RÖMISCHE KAMEE

Die charakteristischen roten Einsprenkelungen des Heliotrop erscheinen in dieser Kamee geradezu farbgebend.

ANGESCHLIFFENER HELIOTROP

PLASMA-ROHSTÜCK

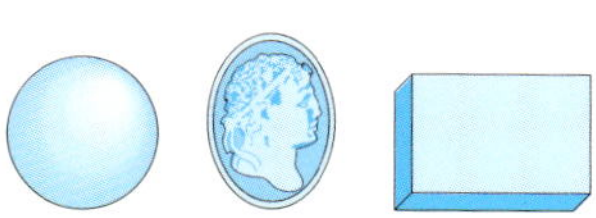

SG	BI	DI	Glanz
2,61	1,53–1,54	0,004	Glasglanz

Kristallstruktur Trigonal	Zusammensetzung Aluminiumoxid	Mohshärte 9

RUBIN (KORUND)

Der Rubin – die rote Korund-Varietät – zählt zu den beliebtesten Schmucksteinen. Rubine können je nach Chrom- und Eisengehalt alle möglichen Rottöne aufweisen: von Rosa über Orangerot bis hin zu Bräunlich. Häufige Zwillingsbildung macht die Kristalle leicht brechbar, doch stehen Rubine, was die Härte angeht, dem Diamanten kaum nach. Die kristallinen Prismen sind hexagonal mit spitz zulaufenden oder flachen Enden. Während des Wachstums bilden die Kristalle neue Lagen, weshalb es je nach geologischen Voraussetzungen zu streifiger Farbverteilung kommen kann.

• **Vorkommen:** Weltweit in magmatischen und metamorphen Gesteinen, aber auch in Alluvialablagerungen. Die besten Qualitäten kommen aus Birma, die meisten (häufig braunroten) Steine aus Thailand. Leuchtend rote Rubine fördert man in Afghanistan, Pakistan und Vietnam, während jene aus Indien, North Carolina (USA), Rußland, Australien und Norwegen sehr dunkel und bisweilen gar opak sind.

• **Hinweis:** 1902 erfand der Franzose Auguste Verneuil ein Verfahren zur Herstellung synthetischer Rubinkristalle.

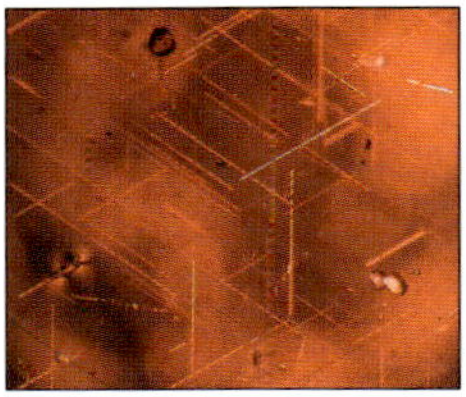

Rutileinschlüsse bewirken ein seidiges Aussehen, das beim Erhitzen schwindet.

Rubine sollen vor Krankheit und Unglück bewahren

Ceylonschliff – typisch für Rubine

CEYLONSCHLIFF

Asterismus durch Rutileinschlüsse

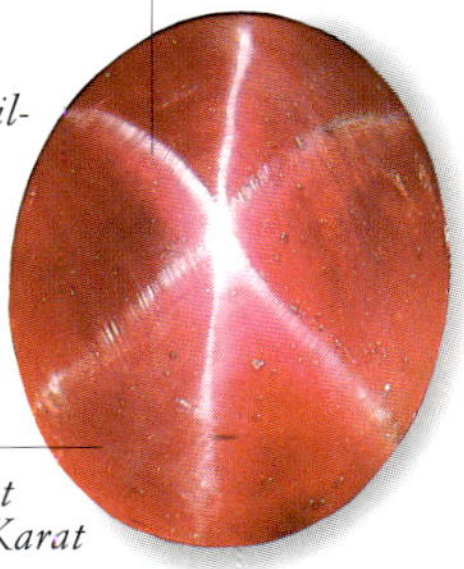

Der Stein wiegt über 138 Karat

REEVES' STERNRUBIN

Nach dem Verneuil-Verfahren hergestellt

SYNTHETISCHER RUBIN TREPPENSCHLIFF

Anhand der streifigen Farbverteilung lassen sich die Wachstumslinien des Kristalls erkennen. Hier erscheinen sie als Reihe konzentrischer Sechsecke.

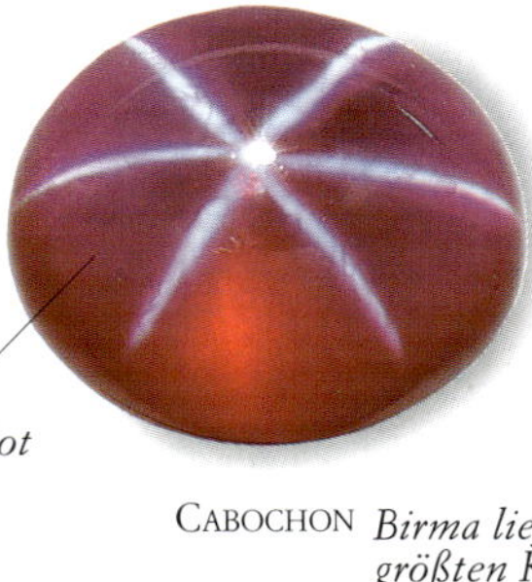

Zu Purpur tendierendes Rot

CABOCHON

Rosaroter Kristall

Birma liefert die größten Kristalle für Schmucksteine

RUBINKRISTALL AUS BIRMA

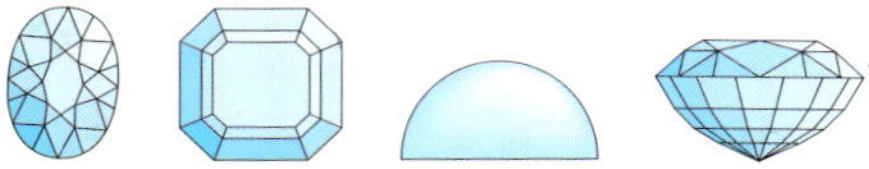

Brillantschliff · Treppenschliff · Cabochon · Ceylonschliff

SG 4,00	BI 1,76–1,77	DI 0,008	Glanz Glasglanz

Kristallstruktur Trigonal	Zusammensetzung Aluminiumoxid	Mohshärte 9

SAPHIR (KORUND)

Sämtliche nicht-roten Korunde von Edelsteinqualität heißen Saphir, doch verbindet man mit diesem Namen gemeinhin nur die blaue Varietät. Farbgebende Substanzen sind hier Eisen und Titan, die auch Farbton und -intensität bestimmen. Besonders geschätzt wird ein klares, tiefes Blau. Manche Saphire zeigen bei künstlichem Licht einen anderen Blauton als bei Tageslicht.

• **Vorkommen:** Wertvolle Saphire werden in Birma, Sri Lanka und Indien geschürft. Der schönste indische Saphir ist kornblumenblau und kommt in Kaschmir entweder in Pegmatiten oder Alluvialablagerungen vor. Saphire aus Thailand, Australien und Nigeria zeigen ein dunkles, fast schwarzes Blau. Aus Montana (USA) stammen metallisch blaue Steine. Weitere Fundorte sind Kambodscha, Brasilien, Kenia, Malawi und Kolumbien.

• **Hinweis:** Seit dem späten 19. Jahrhundert werden synthetische Saphire erzeugt.

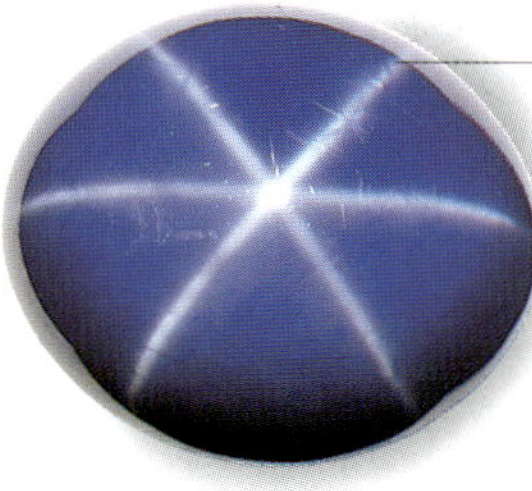

Rutileinschlüsse bewirken einen sechsstrahligen Stern

STERNSAPHIR

SAPHIR-BUDDHA

Seit dem Mittelalter gilt der Saphir als Symbol der himmlischen Ruhe. Er soll seinem Besitzer Seelenfrieden schenken und ihn vor bösen Gedanken bewahren.

Hellblauer Stein aus Sri Lanka

BRILLANTSCHLIFF

»Kaschmirblaue« Kristalle

Mit Turmalin verwachsene Saphirkristalle

Schwarzer Turmalin

BLAUER SAPHIR-KRISTALL

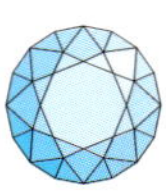

Brillantschliff

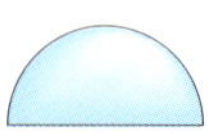

Cabochon

Kamee

SG 4,00	BI 1,76–1,77	DI 0,008	Glanz Glasglanz

Kristallstruktur Trigonal	Zusammensetzung Aluminiumoxid	Mohshärte 9

PADPARADSCHA (KORUND)

Padparadscha ist ein äußerst seltener rosa-orangefarbener Saphir – und neben dem Rubin die einzige Korund-Varietät, die einen eigenen Namen besitzt. Die Bezeichnung Padparadscha basiert auf dem singhalesischen Wort für Lotosblüte.

• **Vorkommen:** Sri Lanka.

• **Hinweis:** Wie alle Korund-Varietäten eignet sich Padparadscha dank seiner Härte hervorragend als Schmuckstein.

Das charakteristische Rosa-orange

Glasglanz

Phantasieform

CEYLONSCHLIFF

Ceylonschliff

SG 4,00	BI 1,76–1,77	DI 0,008	Glanz Glasglanz

Kristallstruktur	Zusammensetzung	Mohshärte
Trigonal	Aluminiumoxid	9

Farbloser Saphir (Korund)

Die unterschiedlichen Farben innerhalb der Korund-Gruppe sind auf Einlagerungen von Metalloxiden zurückzuführen. Korund ohne Einlagerungen (also ohne Farbe) ist selten. Häufiger findet man mehrfarbige Steine mit farblosen Stellen. Der Lapidär richtet solche Saphire so aus, daß sich die Farbe an der Grundfläche des fertig geschliffenen Edelsteins befindet und so dem ganzen Stein Farbe verleiht.

• **Vorkommen:** Völlig farblose sowie milchig trübe Saphire gibt es in Sri Lanka. Letztere heißen dort »Geuda«. Durch Erhitzen läßt sich Geuda in einen blauen Saphir verwandeln, den man facettiert für Schmuckstücke verwendet. Einige Korunde aus Sri Lanka zeigen rote, blaue und farblose Stellen und ergeben, richtig geschliffen, einen interessanten Schmuck.

• **Hinweis:** Seit den 1920er Jahren wird farbloser Korund im Verneuil-Verfahren hergestellt. Diese Synthese heißt Diamondit.

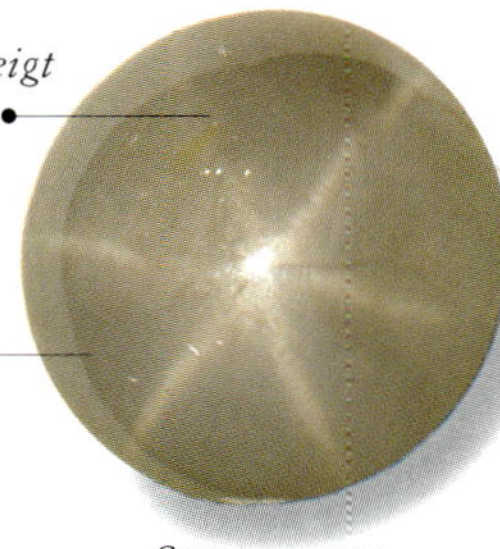

Sternsaphir

Ceylonschliff

Ceylonschliff

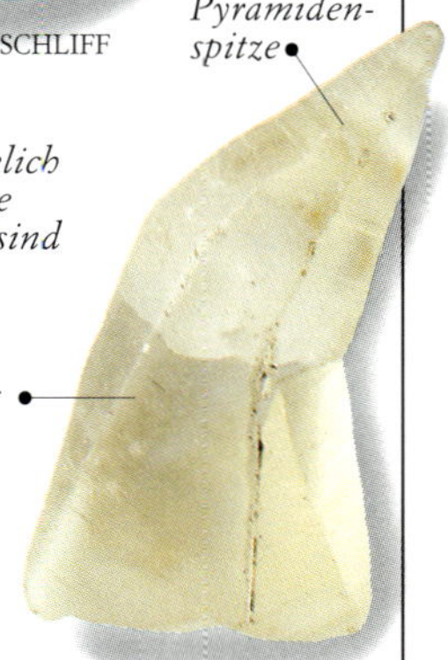

Farbloser Kristall

Brillantschliff

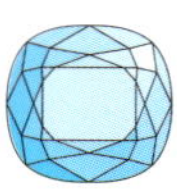
Brillantschliff

Cabochon

SG	BI	DI	Glanz
4,00	1,76–1,77	0,008	Glasglanz

Kristallstruktur	Zusammensetzung	Mohshärte
Trigonal	Aluminiumoxid	9

Grüner Saphir (Korund)

Vom Mittelalter bis ins 19. Jahrhundert hinein bezeichnete man grünen Saphir als »orientalischen Peridot«. Viele Saphire, die auf den ersten Blick grün erscheinen, bestehen in Wahrheit (unter dem Mikroskop erkennbar) aus sehr dünnen alternierenden Bändern von blauem und gelbem Saphir.

• **Vorkommen:** Grüne Saphire gibt es in Thailand, Sri Lanka und Australien (Queensland und New South Wales).

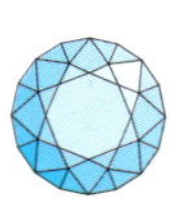
Brillantschliff

Ceylonschliff

SG	BI	DI	Glanz
4,00	1,76–1,77	0,008	Glasglanz

Kristallstruktur Trigonal	Zusammensetzung Aluminiumoxid	Mohshärte 9

Rosa Saphir (Korund)

Reiner rosa Saphir verdankt seine Farbe sehr geringen Chromeinlagerungen. Je mehr der Chromgehalt steigt, desto näher kommt er dem Rubin. Spuren von Eisen können rosa-orange Steine hervorbringen, die man Padparadscha nennt (siehe S. 95), Eisen und Titan bedingen eine violette Färbung.

- **Vorkommen:** Rosa Saphire (von sehr blassem, feinem Rosa bis zu fast Rot) findet man in Sri Lanka, Birma und Ostafrika.
- **Hinweis:** Wie Rubine (siehe S. 94) sollen auch rosafarbene Saphire vor Krankheit und Unglück bewahren. Um in den Genuß seiner Kräfte zu kommen, muß der Besitzer den Stein jedoch direkt auf der Haut tragen. Deshalb werden Saphire so geschliffen, daß sie auch in der Fassung Kontakt mit der Haut haben.

Ceylonschliff

Ovaler Ceylonschliff

Rosa Saphirkristall

Brillantschliff

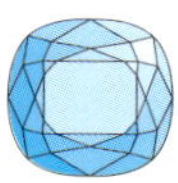
Ceylonschliff

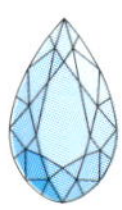
Pendeloque

SG 4,00	BI 1,76–1,77	DI 0,008	Glanz Glasglanz

Kristallstruktur Trigonal	Zusammensetzung Aluminiumoxid	Mohshärte 9

Gelber Saphir (Korund)

Noch im 19. Jahrhundert trug gelber Saphir den irreführenden Namen »orientalischer Topas« (als Saphir wurde nur die blaue Varietät bezeichnet). Gelbe und grüngelbe Saphire sind jedoch durchaus attraktive Schmucksteine, die nicht hinter ihren blauen Verwandten zurückstehen müssen.

- **Vorkommen:** In Queensland und New South Wales (Australien) wird ein schleifwürdiger grünlich-gelber Saphir gefördert. Ähnliche Steine gibt es in Thailand, rein gelbe Saphire kommen aus Sri Lanka, Montana (USA) oder Ostafrika.

Ceylonschliff

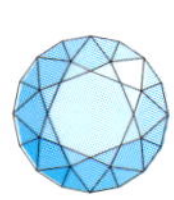
Brillantschliff

Vom Wasser gerundeter Kristall

SG 4,00	BI 1,76–1,77	DI 0,008	Glanz Glasglanz

Kristallstruktur	Zusammensetzung	Mohshärte
Trigonal	Calciumcarbonat	3

CALCIT (KALKSPAT)

Calcit, den man weltweit antrifft, ist der Hauptbestandteil von Kalksteinen und Marmor sowie der meisten Stalagmiten und Stalagtiten. Darüber hinaus findet man ihn aber auch als große, durchsichtige, farblose Kristalle oder als Prismen im Verbund mit anderen Mineralen. Aufgrund seiner geringen Härte wird er nur für Sammler geschliffen, doch Marmor und brauner Calcit aus Kalksteinhöhlen eignen sich als Dekorationsstein und zur Herstellung selbst großer Plastiken.

• **Vorkommen:** Italien ist für seinen Marmor berühmt, besonders geschätzt wird der cremig weiße Carrara-Marmor. Farblose Rhomben heißen Islandspat. Rosa und grüne Kristalle gibt es in USA, Deutschland und Frankreich.

ISLANDSPAT-RHOMBUS

PRISMENFÖRMIGE CALCIT-KRISTALLE

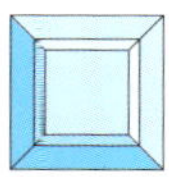

Treppenschliff

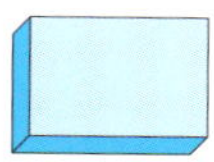

Tafelschliff

SG	BI	DI	Glanz
2,71	1,48–1,66	0,172	Glas- bis Perlglanz

Kristallstruktur	Zusammensetzung	Mohshärte
Trigonal	Berylliumsilicat	7,5

PHENAKIT

Phenakit ist ein seltenes Mineral, das als weiße oder farblose Tafelkristalle oder gedrungene Prismen auftritt. Häufig kommt es zu Zwillingsbildung, was Phenakit vom Bergkristall (siehe S. 81) unterscheidet, mit dem er oft verwechselt wird. (Daher auch der Name, griechisch für »Betrüger«.) Sammler lassen sich durchsichtige Kristalle facettieren.

• **Vorkommen:** Phenakit findet man in Pegmatiten, Graniten und Schiefern. Die schönsten Kristalle stammen aus dem Ural (Rußland), Brasilien und Colorado (USA). Weitere Fundorte sind Italien, Sri Lanka, Simbabwe und Namibia.

• **Hinweis:** In Sri Lanka fand man einen 1470 Karat schweren Phenakit.

BRILLANTSCHLIFF

BRILLANTSCHLIFF

PHENAKIT-KRISTALL

Brillantschliff

Ceylonschliff

SG	BI	DI	Glanz
2,96	1,65–1,67	0,015	Glasglanz

Kristallstruktur Trigonal	Zusammensetzung Hydrathaltiges Kupfersilicat	Mohshärte 5

DIOPTAS

Dioptas leuchtet in einem lebhaften, leicht blaustichigen Smaragdgrün. Er besitzt starkes Feuer, das jedoch durch kräftige Färbung getrübt wird, die den Stein statt durchsichtig durchscheinend macht. Von Sammlern wegen seiner Farbe geschätzt, wird Dioptas selten facettiert, da er spröde ist und aufgrund geringer Härte verkratzt. Manchmal wird er mit Smaragd verwechselt.

• **Vorkommen:** Beste Qualitäten findet man in Rußland, Namibia, Zaire, Chile und Arizona (USA).

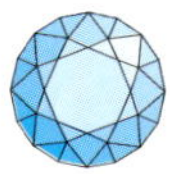
Brillantschliff

Cabochon

DIOPTAS-KRISTALLE

SG 3,31	BI 1,67–1,72	DI 0,053	Glanz Glasglanz

Kristallstruktur Trigonal	Zusammensetzung Magnesium- und Calciumcarbonat	Mohshärte 3,5

DOLOMIT

Dolomit findet man als farblose, weiße, rosa oder gelbe Kristalle, die häufig gekrümmte Flächen aufweisen. Da er weich und sehr vollkommen spaltbar ist, wird er selten geschliffen und primär zu Dekorationszwecken verwendet.

• **Vorkommen:** Die schönsten Kristalle gibt es in Italien, der Schweiz, Deutschland und den USA.

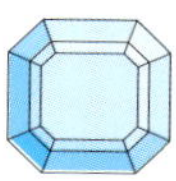
Treppenschliff

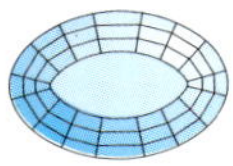
Treppenschliff

DOPPELKRISTALL

DOLOMIT-ZWILLINGSKRISTALLE

SG 2,85	BI 1,50–1,68	DI 0,179	Glanz Glas-bis Perlglanz

Kristallstruktur Trigonal	Zusammensetzung Zinkcarbonat	Mohshärte 5

SMITHSONIT (ZINKSPAT)

Smithsonit bildet meist blaugrüne oder grüne traubenförmige Aggregate oder Lagen, die geschliffen als Ornamentstein dienen. Der auch als Bonamit bezeichnete Stein tritt auch in Rosa (durch Kobalt) oder Gelb (durch Cadmium) auf. Kristalle werden nur für Sammler geschliffen.

• **Vorkommen:** Farblose Kristalle in Namibia und Sambia; blaugrüne Aggregate in den USA, Spanien und Griechenland; gelbe in den USA und Sardinien.

Cabochon

SMITHSONIT AUF DER MATRIX

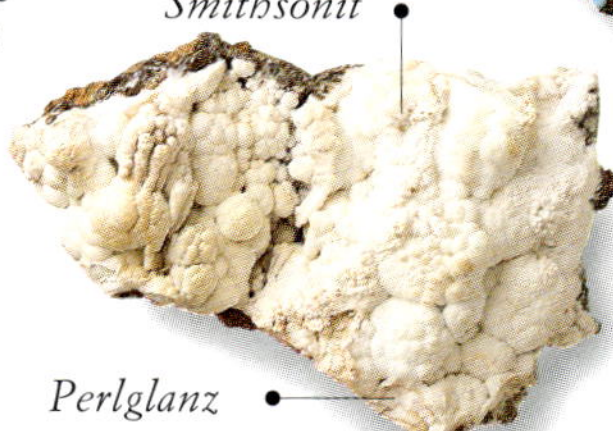

SMITHSONIT AUF DER MATRIX

SG 4,35	BI 1,62–1,85	DI 0,230	Glanz Perlglanz

Kristallstruktur Trigonal	Zusammensetzung Mangancarbonat	Mohshärte 4

RHODOCHROSIT

Seine rötliche Farbe verdankt der Rhodochrosit Manganeinlagerungen. Es gibt Kristalle von Edelsteinqualität, die für Sammler geschliffen werden, doch weitaus gängiger ist die Verarbeitung des feinkörnigen, gebänderten derben Steins zu Dekorationszwecken.

• **Vorkommen:** Rhodochrosit tritt in Verbund mit Mangan, Kupfer, Silber und Blei auf. Die ältesten Minen liegen in Argentinien – Rhodochrosit von dort heißt auch Inkarose. Heute sind die USA bedeutendster Lieferant.

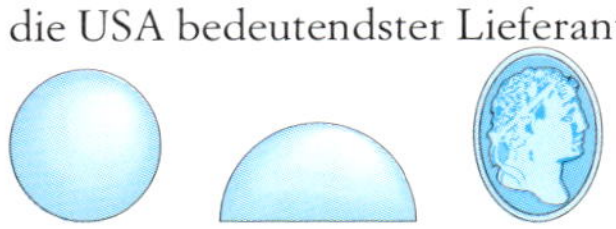

Kugel Cabochon Kamee

GEBÄNDERTER RHODOCHROSIT

RHODOCHROSIT-KRISTALLE IN DER MATRIX

SG 3,60	BI 1,60–1,80	DI 0,220	Glanz Glas- bis Perlglanz

Kristallstruktur Trigonal	Zusammensetzung Eisenoxid	Mohshärte 6,5

HÄMATIT (BLUTSTEIN)

Hämatit tritt normalerweise als derbes, opakes Aggregat mit Metallglanz auf, das beim Schleifen das Wasser blutrot färbt (daher sein Name, griechisch für »Blut«). Andererseits gibt es auch kurze, schwarze, rhomboedrische Kristalle mit irisierenden Flächen. Diese können Rosetten bilden, die man Eisenrosen nennt. Spiegelblanke Hämatitkristalle heißen auch »Specularit«, was auf ihre einstige Verwendung als Spiegel hinweist.

• **Vorkommen:** Die bedeutendsten Lagerstätten befinden sich in Nordamerika (Lake Superior und Quebec), Brasilien, Venezuela und England. Eisenrosen findet man in der Schweiz und Brasilien, schneidbares Material in England, Deutschland und auf Elba.

• **Hinweis:** In Puderform dient Hämatit als Künstlerfarbe oder Politur.

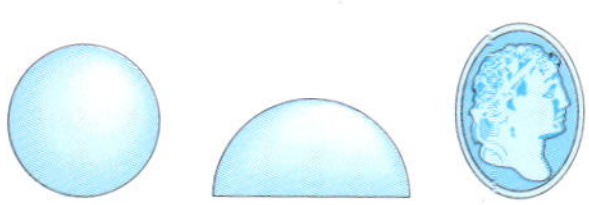

Kugel Cabochon Kamee

HÄMATIT-FROSCH
Mit einer Mohshärte von 6,5 läßt sich Hämatit gut bearbeiten, verkratzt aber leicht. Dieser Frosch zeigt grauen Metallglanz.

SPECULARIT-KRISTALL

IRISIERENDE HÄMATIT-KRISTALLE

SG 5,20	BI 2,94–3,22	DI 0,280	Glanz Metallglanz

Kristallstruktur	Zusammensetzung	Mohshärte
Trigonal	Borsilicat	7,5

RUBELLIT (TURMALIN)

Alle Turmaline weisen dieselbe Kristallstruktur auf, erscheinen jedoch in ganz unterschiedlichen Farben. Rubellit (nach dem lateinischen Wort für Rot) heißt die rosa oder rote Varietät. Am teuersten sind die rubinroten Steine. Rubellit-Kristalle sind vertikal gestreift mit dreieckigem Querschnitt und gerundeten Seiten. Sie treten auch mit faserigem Habitus auf und zeigen als Cabochon geschliffen Katzenaugeneffekt.

- **Vorkommen:** Rote russische Rubellite findet man in verwitterten Graniten. Weitere Fundorte sind Madagaskar, die USA, Brasilien, Birma und Ostafrika.
- **Hinweis:** Dunkelroter Turmalin hat ein höheres SG als ein rosa Stein.

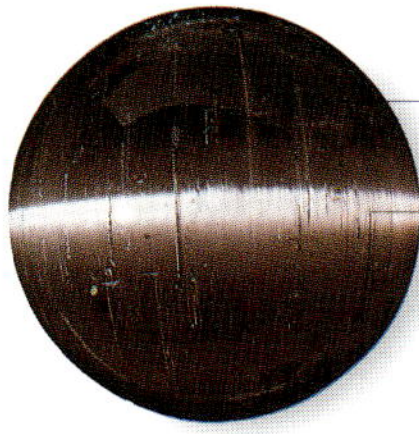

CABOCHON

TREPPENSCHLIFF

RUBELLIT-KRISTALLE IN DER MATRIX

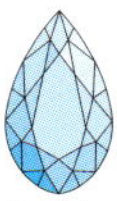

Pendeloque

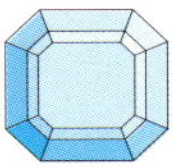

Treppenschliff

Cabochon

SG	BI	DI	Glanz
3,06	1,62–1,64	0,018	Glasglanz

Kristallstruktur	Zusammensetzung	Mohshärte
Trigonal	Borsilicat	7,5

INDIGOLITH (TURMALIN)

Dunkelblauer Turmalin wird Indigolith genannt. Erhitzen hellt die Farbe auf, was die meisten Steine noch attraktiver macht.

- **Vorkommen:** Bedeutende Indigolith-Lagerstätten befinden sich in Sibirien, wo der Stein in verwitterten Graniten vorkommt. Feine, leuchtend blaue Turmaline wurden kürzlich in Paraiba, Brasilien, entdeckt. Weitere Fundorte sind Madagaskar und die USA.
- **Hinweis:** Eine violett-blaue bis lila-rote Varietät (zuerst in Rußland gefunden) trägt den Namen Siberit.

OVALER CEYLONSCHLIFF

TREPPENSCHLIFF

INDIGOLITH-KRISTALL

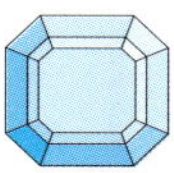

Treppenschliff

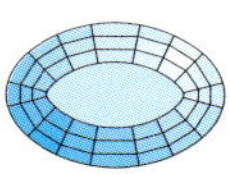

Treppenschliff

SG	BI	DI	Glanz
3,06	1,62–1,64	0,018	Glasglanz

Kristallstruktur Trigonal	Zusammensetzung Borsilicat	Mohshärte 7,5

Dravit (Turmalin)

Dravit ist ein sehr dunkler (normalerweise brauner) magnesiumreicher Turmalin, der sich durch Erhitzung aufhellen läßt. Dravit zeigt ausgeprägten Dichroismus und sollte deshalb mit der Tafelfläche parallel zur Längsachse geschliffen werden. So sieht er heller und attraktiver aus.

• **Vorkommen:** Dravit existiert als Einzelkristall, aber auch in Gruppen. Braunen und gelben Turmalin findet man in Sri Lanka, aber auch in den USA, Kanada, Mexiko, Brasilien und Australien.

• **Hinweis:** Der Name Dravit ist von dem Fluß Drau in Österreich abgeleitet.

RUNDER BRILLANTSCHLIFF

CEYLONSCHLIFF

KRISTALL-BRUCHSTÜCK

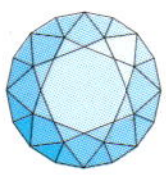

Brillantschliff

Brillantschliff

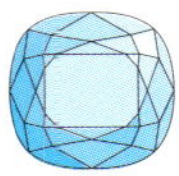

Ceylonschliff

SG 3,06	BI 1,61–1,63	DI 0,018	Glanz Glasglanz

Kristallstruktur Trigonal	Zusammensetzung Borsilicat	Mohshärte 7,5

Achroit (Turmalin)

Dieser ausgesprochen seltene farblose Stein ist eine Varietät des Turmalins Elbait. Achroit zeigt nicht den starken Dichroismus der meisten Turmaline und kann deshalb entweder parallel oder senkrecht zur Kristallänge geschliffen werden. Farblose Steine erhält man auch durch Erhitzen von hellrosa Turmalin.

• **Vorkommen:** Achroit tritt zusammen mit farbigen Turmalinen in Pegmatiten in Madagaskar und Pala (Kalifornien) auf.

• **Hinweis:** Die Bezeichnung leitet sich von dem griechischen Wort »achroos« (ohne Farbe) ab.

BRILLANTSCHLIFF

BRILLANTSCHLIFF

ACHROIT-KRISTALL

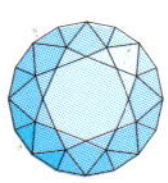

Brillantschliff

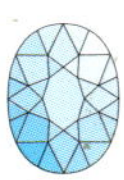

Brillantschliff

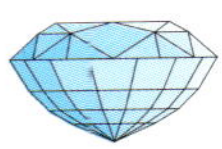

Ceylonschliff

SG 3,06	BI 1,62–1,64	DI 0,018	Glanz Glasglanz

Kristallstruktur Trigonal	Zusammensetzung Borsilicat	Mohshärte 7,5

Wassermelonen-Turmalin

Turmalinkristalle mit rosa Kern und grünem Rand (oder umgekehrt) heißen Wassermelonen-Turmalin, weil sie an das rote Fleisch und die grüne Schale dieser Frucht erinnern. Auch viele andere Turmaline sind zwei- oder mehrfarbig, einzelne Kristalle weisen bis zu 15 verschiedene Farben auf.

• **Vorkommen:** Wassermelonen-Turmaline findet man in Südafrika, Ostafrika, Brasilien und an anderen Orten.

• **Hinweis:** Mehrfarbiger Turmalin wird stets so geschliffen, daß die verschiedenen Farben optimal zur Geltung kommen.

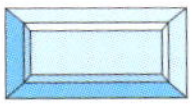
Baguette

Cabochon

Tafelschliff

Kristall-Bruchstück

SG 3,06	BI 1,62–1,64	DI 0,018	Glanz Glasglanz

Kristallstruktur Trigonal	Zusammensetzung Borsilicat	Mohshärte 7,5

Schörl (Turmalin)

Schörl ist ein schwarzer, eisenreicher Turmalin und sehr häufig. Die opaken, prismatischen Kristalle werden mehrere Meter lang.

• **Vorkommen:** In Pegmatiten.

• **Hinweis:** Im letzten Jahrhundert schätzte man Schörl für Trauerschmuck, heute wird er nur mehr selten geschliffen.

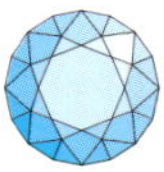
Brillantschliff

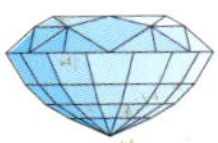
Ceylonschliff

Schörl-Kristall

SG 3,06	BI 1,62–1,67	DI 0,018	Glanz Glasglanz

Kristallstruktur Trigonal	Zusammensetzung Borsilicat	Mohshärte 7,5

Grüner und gelber Turmalin

Gelbgrün ist die häufigste aller Turmalin-Varietäten, doch smaragdgrüne Steine zählen zu den wertvollsten. Noch im 18. Jahrhundert wurden sie oft mit Smaragden verwechselt.

• **Vorkommen:** Smaragdgrüne Steine gibt es in Brasilien, Tansania und Namibia, gelbe Turmaline u. a. in Sri Lanka.

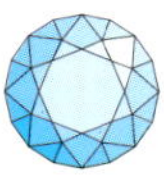
Brillantschliff

Brillantschliff

SG 3,06	BI 1,62–1,64	DI 0,018	Glanz Glasglanz

Kristallstruktur Orthorhombisch	Zusammensetzung Calciumcarbonat	Mohshärte 3,5

ARAGONIT

Aragonit ist gewöhnlich durchsichtig oder durchscheinend und in reiner Form farblos oder weiß. Einlagerungen können gelbe, blaue, rosa oder grüne Färbung verursachen. Man findet Aragonit in vielen verschiedenen Habiti. Kleine, längliche prismatische Kristalle gruppieren sich strahlenförmig, und auch Konkretion (Zusammenhäufung) und Stalaktiten treten auf.

• **Vorkommen:** Primär in Sedimenten gebildet, findet man Aragonit als Tuff in Tschechien und der Türkei, Spanien, Colorado, Frankreich und England.

STALAKTIT, ANGESCHLIFFEN

ARAGONIT-KRISTALLE AUF DER MATRIX

Kugel

Tafelschliff

SG 2,94	BI 1,53–1,68	DI 0,155	Glanz Glasglanz

Kristallstruktur Orthorhombisch	Zusammensetzung Bariumsulfat	Mohshärte 3

BARYT

Baryt kommt in verschiedenen Farben vor, darunter Weiß, Gelb und Blau, aber Weichheit, sehr vollkommmene Spaltbarkeit, Spröde und große Dichte machen ihn für den Gebrauch als Schmuckstein ungeeignet, und er wird nur für Sammler geschliffen. Die Kristalle sind durchsichtig bis opak und von tafligem bis derbem Habitus.

• **Vorkommen:** Baryt findet man gewöhnlich in Blei- und Silberminen, aber auch in Kalkstein und als Ablagerung bei heißen Quellen. In Cornwall und Derbyshire (England) wurden Kristalle von bis zu 1 m Länge entdeckt. Weitere gute Fundorte sind die ehemalige Tschechoslowakei, Rumänien, Deutschland, die USA und Italien.

CEYLONSCHLIFF

STALAGMIT, QUERSCHNITT

BARYT-KRISTALL

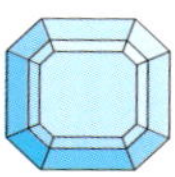
Treppenschliff

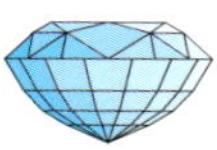
Ceylonschliff

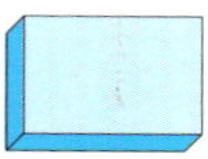
Tafelschliff

SG 4,45	BI 1,63–1,65	DI 0,012	Glanz Glas- bis Perlglanz

Kristallstruktur Orthorhombisch	Zusammensetzung Strontiumsulfat	Mohshärte 3,5

CÖLESTIN

Cölestin bildet in der Regel farblose, milchig weiße, gelbe, orange oder blaßblaue prismatische Kristalle oder feinkörnige Aggregate. Mit einer Mohshärte von nur 3,5 und sehr vollkommener Spaltbarkeit ist Cölestin extrem empfindlich. Bei Sammlern und in Museen sind jedoch wunderschön facettierte Steine zu bewundern.

• **Vorkommen:** Cölestin tritt häufig mit Sand- oder Kalksteinen, in Pegmatiten, Höhlen in Vulkangestein oder zusammen mit Galenit und Sphalerit in Mineraladern auf. Schleifwürdige Steine findet man vorwiegend in Namibia oder Madagaskar. Weitere Lagerstätten gibt es in Italien, England, der früheren Tschechoslowakei, den USA und Kanada.

CEYLONSCHLIFF

CÖLESTIN-KRISTALL

KRISTALLE IN DER MATRIX

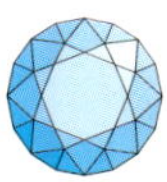

Brillantschliff

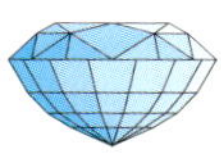

Ceylonschliff

SG 3,98	BI 1,62–1,63	DI 0,010	Glanz Glas- bis Perlglanz

Kristallstruktur Orthorhombisch	Zusammensetzung Bleicarbonat	Mohshärte 3,5

CERUSSIT

Cerussit ist meist farblos, doch es existieren auch weiße, graue und schwarze Exemplare. Wichtigste Charakteristika sind seine hohe Dichte und der Diamantglanz. Die Kristalle zeigen gedrungen tafligen oder länglichen Habitus. Cerussit eignet sich nicht für Schmuck, da er zu weich ist.

• **Vorkommen:** Cerussit tritt meist zusammen mit Bleierzen auf (daher auch der Name »Weißbleierz«). Große, klare, farblose schleifwürdige Kristalle findet man in Namibia. Weitere Fundorte sind Österreich, Australien, die frühere Tschechoslowakei, die USA, Deutschland und Schottland.

• **Hinweis:** Verwechslungsmöglichkeit mit Diamant und anderen farblosen Steinen. Höhere Dichte als Unterscheidungsmerkmal.

RUNDER BRILLANTSCHLIFF

PRISMATISCHER KRISTALL

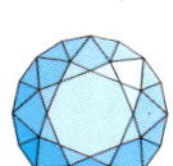

Brillantschliff

Brillantschliff

SG 6,51	BI 1,80–2,08	DI 0,274	Glanz Diamantglanz

Kristallstruktur Orthorhombisch	Zusammensetzung Aluminium- Fluorhydroxylsilicat	Mohshärte 8

TOPAS

Topas tritt in vielen verschiedenen Farben auf. Steine von tiefem Goldgelb heißen auch Sherry-Topas. Rosa Topas ist die teuerste Varietät, aber auch blaue und grüne Steine sind sehr begehrt. Natürliche rosa Steine sind sehr selten, weshalb man gelben Topas erhitzt, bis er den gewünschten Farbton angenommen hat. Farblose Steine erhalten durch Bestrahlung und Brennen verschiedene Blautöne, die sie, mit bloßem Auge betrachtet, wie Aquamarin aussehen lassen. Manche Topase weisen tränenförmige Einschlüsse (Gas oder Flüssigkeit) auf. Auch andere Einschlüsse, Risse und Schleier, sind häufig. Prismatische Topas-Kristalle zeigen den charakteristischen rautenförmigen Querschnitt und vertikale Streifung. Topas weist sehr vollkommene Spaltbarkeit auf.

• **Vorkommen:** Topas bildet sich in Pegmatiten, Graniten und vulkanischen Laven. Man findet ihn aber auch in Alluvialablagerungen und als wassergerundete Kiesel. Hauptfundorte sind Brasilien, die USA, Sri Lanka, Birma, die GUS, Australien, Tasmanien, Pakistan, Mexiko, Japan und Afrika. Rosa Topas gibt es nur in Brasilien, Pakistan und Rußland.

• **Hinweis:** Im 17. Jahrhundert hielt man den Braganza-Diamanten (1640 Karat) in der portugiesischen Krone für den größten jemals gefundenen Diamanten. Heute nimmt man an, daß es sich dabei um einen farblosen Topas gehandelt hat. Das Wort Topas kommt ursprünglich wohl aus dem Sanskrit und bedeutet »Feuer«.

OVALER CEYLONSCHLIFF

OVALER TREPPENSCHLIFF

TRANSPARENTER, SHERRYFARBENER KRISTALL

TOPAS-RING

Hier wurde ein lachsfarbenes Topas-Achteck in Gold gefaßt.

BLÜTENBROSCHE

Das Herz dieser blütenförmigen Brosche besteht aus einem runden Topas im Brillantschliff. Er ist von 36 sherryfarbenen Topasen (teils Dreiecke, teils Rauten) umgeben.

SG 3,54	BI 1,62–1,63	DI 0,010	Glanz Glasglanz

SCHMAL-OVALER CEYLONSCHLIFF

DIE »BRASILIANISCHE PRINZESSIN«

TOPAS-KRISTALL IN DER MATRIX

OKTOGONALER TREPPENSCHLIFF

PENDELOQUE

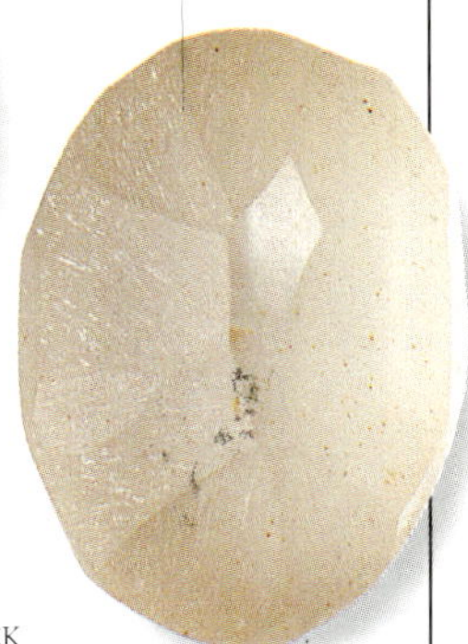

FARBLOSES, TEILWEISE GESCHLIFFENES ROHSTÜCK

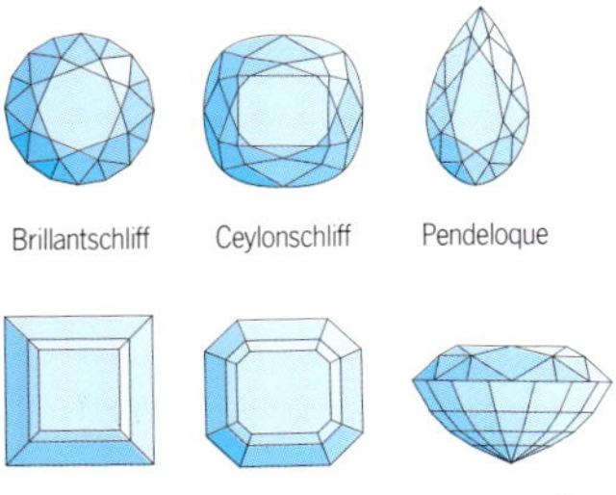

Kristallstruktur Orthorhombisch	Zusammensetzung Beryllium-Aluminium-Oxid	Mohshärte 8,5

CHRYSOBERYLL

Chrysoberyll gibt es in mehreren Farben, von Grün über Gelbgrün und Gelb bis Braun. Es sind harte, widerstandsfähige Steine, die von Juwelieren geschätzt werden. Gut geschliffen, zeigen sie Brillanz, lassen jedoch Feuer vermissen. Zwei Varietäten, der Alexandrit und das Katzenauge, besitzen einzigartige Eigenschaften. Der sehr seltene und teure Alexandrit verändert seine Farbe: bei Tageslicht grün, bei Kunstlicht rot, mauve oder braun. Synthetischer Chrysoberyll, synthetischer Korund und synthetischer Spinell sollen den Farbwechsel des Alexandriten imitieren. Die fast weiße Lichtlinie auf dem gelbgrauen Stein des Katzenauges (Cabochon-Schliff) beruht auf eingeschlossenen Flüssigkeitkanälen oder Rutilnadeln. Das wertvollste Katzenauge zeigt ein hell goldfarbenes Braun mit einem Schatten, der den begehrten »Milch-und-Honig-Effekt« bewirkt.

• **Vorkommen:** Die besten, inzwischen aber fast erschöpften Minen für Chrysoberyll – und auch Alexandrit – liegen im Ural (Rußland). Die größten facettierten Steine aus Rußland wiegen 66 Karat. In sekundären Lagerstätten in Sri Lanka hat man große, wassergerundete Chrysoberyll-Kiesel gefunden. Weitere Fundorte sind Birma, Brasilien, Simbabwe, Tansania und Madagaskar. Katzenaugen gibt es in Sri Lanka, Brasilien und China.

• **Hinweis:** Der Name leitet sich von den griechischen Worten Chrysos (= Gold) und Beryllos her, das sich auf den Berylliumgehalt des Steines bezieht. Seit vielen Jahrtausenden wird dieser Stein in Asien als Amulett gegen den »bösen Blick« geschätzt.

CEYLONSCHLIFF

CEYLONSCHLIFF

GESCHLIFFENER CABOCHON

EDLER RING

Dieser extravagante Ring besteht aus vielen im Ceylonschliff facettierten Chrysoberyll-Steinen, die in Gold gefaßt wurden – wahrscheinlich eine spanische Arbeit aus dem 18. Jahrhundert.

VERZWEIGTE CHRYSOBERYLL-KRISTALLE

SG 3,71	BI 1,74–1,75	DI 0,009	Glanz Glasglanz

In hellem Licht ändert der Alexandrit die Farbe

Goldbraun zu rot

ALEXANDRIT, CEYLONSCHLIFF

Alexandrit wurde erstmals am Geburtstag des Zaren Alexander II. entdeckt und deshalb nach ihm benannt

Verwachsene Kristalle

ALEXANDRIT-KRISTALLE

Nur Katzenaugen aus Chrysoberyll werden ohne Zusatz so bezeichnet

Katzenaugeneffekt

KATZENAUGEN-CABOCHON

Wolkiger Schatten im Katzenauge

Dunkelbrauner Stein mit einem Stich ins Rote und Orange

KATZENAUGEN-DOPPELCABOCHON

Chatoyieren durch winzige, röhrenförmige Einschlüsse

KATZENAUGEN-DOPPELCABOCHON

CHRYSOBERYLL-KREUZ

Elf gelbgrüne, als Doppelcabochon geschliffene Chrysoberyll-Steine mit Katzenaugeneffekt sind in diesem Kreuz so gefaßt, daß die Lichtstreifen der Cabochons in verschiedenen Richtungen schimmern.

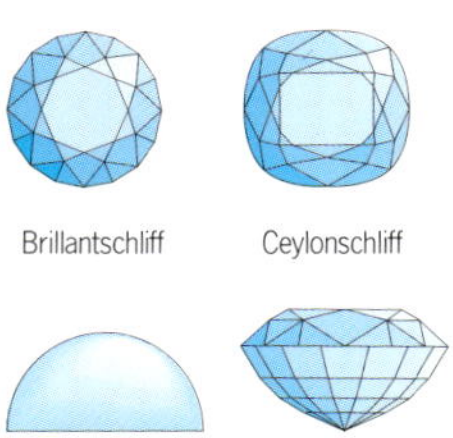

VIKTORIANISCHE BROSCHE

Diese herrliche englische Arbeit besteht aus grüngelben, facettierten Chrysoberyll-Steinen mit Goldfiligran.

Kristallstruktur Orthorhombisch	Zusammensetzung Aluminiumsilicat	Mohshärte 7,5

ANDALUSIT

Die Farbe von Andalusit variiert zwischen einem blaßgelben Braun, tiefem Flaschengrün, Dunkelbraun und dem beliebten grünlichen Rot. Andalusit weist starken Pleochroismus auf, so daß derselbe Stein aus verschiedenen Richtungen betrachtet gelb, grün und rot wirken kann. Große Kristalle sind selten und meist vertikal gestreifte Prismen mit quadratischem Querschnitt und pyramidalen Spitzen. Häufiger findet man opake, stangenförmige Aggregate oder vom Wasser gerundete Kiesel. Die Schmuckindustrie verarbeitet vor allem letztere.

• **Vorkommen:** Andalusit tritt meist in Pegmatiten auf, Kiesel findet man in Flußgeröllen in Sri Lanka und Brasilien. Weitere Fundorte sind Spanien, Kanada, Rußland, Australien und USA.

• **Hinweis:** Eine opake, graugelbe Varietät, der Chiastolith, kommt in kreuzförmigen Prismen vor.

ACHTECK

• Pleochroismus bedingt Gelb-, Grün- und Rotschimmer

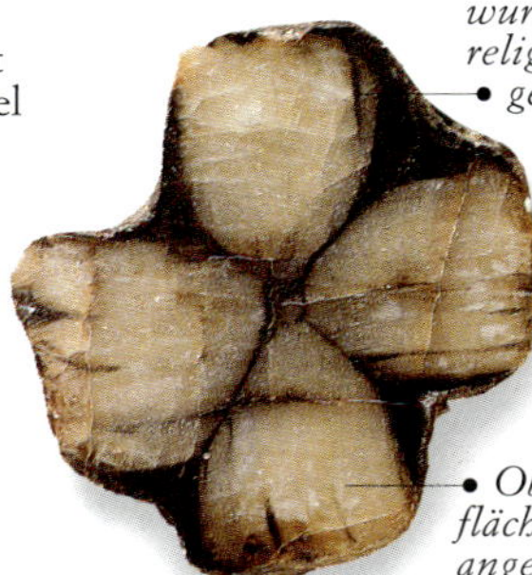

Dieses Kreuz wurde einst als religiöses Symbol • gedeutet

• Oberfläche angeschliffen

CHIASTOLIT (HOHLSPAT)

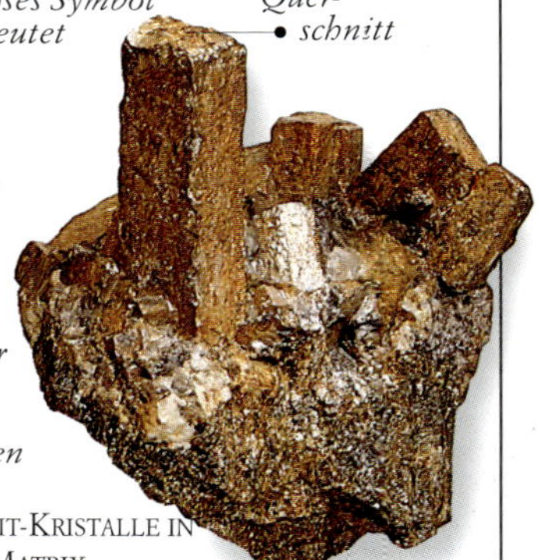

Opake Kristalle mit rhombischem Querschnitt

ANDALUSIT-KRISTALLE IN MATRIX

Brillantschliff

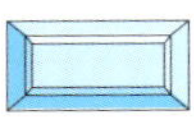

Baguette

SG 3,16	BI 1,63–1,64	DI 0,010	Glanz Glasglanz

Kristallstruktur Orthorhombisch	Zusammensetzung Calcium-Borsilicat	Mohshärte 7

DANBURIT

Normalerweise farblos, treten Danburit-Kristalle aber auch in Gelb und Rosa auf. Sie bilden keilförmige Prismen ähnlich dem farblosen Topas, von dem sie sich durch Spaltbarkeit (Danburit = unvollkommen, Topas = sehr vollkommen) und spezifisches Gewicht unterscheiden.

• **Vorkommen:** Zuerst in Danbury, Connecticut (USA), entdeckt. Gute Steine kommen aus Birma, Mexiko, der Schweiz, Italien und Japan.

Stein aus Birma mit leichtem Gelbstich •

Helle Steine, doch wenig • Feuer

BRILLANTSCHLIFF

Charakteristisches keilförmiges Ende

WEISSE DANBURIT-KRISTALLE

Brillantschliff

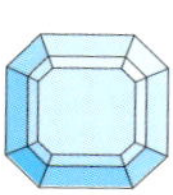

Treppenschliff

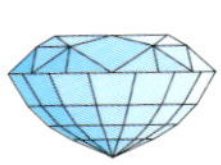

Ceylonschliff

SG 3,00	BI 1,63–1,64	DI 0,006	Glanz Glas- bis Fettglanz

Kristallstruktur	Zusammensetzung	Mohshärte
Orthorhombisch	Magnesium-Eisen-Silicat	5,5

Enstatit

Enstatit gehört zur Pyroxengruppe, einer Reihe magnesium- und eisenreicher Silikate. Kristalle in Form kurzer Prismen sind selten, facettiert werden meist Kiesel. Schleifwürdigen Enstatit gibt es in den Farben Graugrün, Gelbgrün, Olivgrün und Braungrün (eisenhaltig). Geschätzt wird auch eine smaragdgrüne Varietät mit Chromgehalt.

• **Vorkommen:** Häufig mit Kimberliten in Südafrika. Braungrünen Enstatit findet man in Birma, Norwegen und Kalifornien. Enstatit aus Sri Lanka und Indien kann chatoyieren. Weitere Lagerstätten gibt es in den USA, der Schweiz, Griechenland, Schottland, Japan und der GUS.

KATZENAUGEN-CABOCHON

OVALER CEYLONSCHLIFF

ENSTATIT-ROHSTÜCK

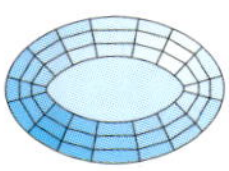

Treppenschliff

Cabochon

SG	BI	DI	Glanz
3,27	1,66–1,67	0,010	Glasglanz

Kristallstruktur	Zusammensetzung	Mohshärte
Orthorhombisch	Aluminiumsilicat	7,5

Sillimanit

Sillimanit (benannt nach dem amerikanischen Mineralogen Silliman) ist blau bis grün mit ausgeprägtem Pleochroismus in blaßgelbem Grün, Dunkelgrün und Blau. Treten die Kristalle in langen, schlanken, parallelen Prismen auf, die an Fasern erinnern, spricht man auch von Fibrolith.

• **Vorkommen:** Sillimanit findet man in metamorphen Gesteinen und auch in Pegmatiten. Blaue und violette Steine kommen aus Birma, graugrüne aus Sri Lanka; Fibrolith gibt es in Idaho. Weitere Fundorte sind die einstige Tschechoslowakei, Indien, Italien, Deutschland und Brasilien.

CEYLONSCHLIFF

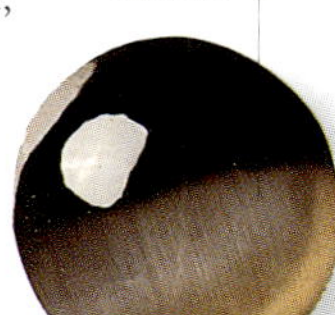

FIBROLITH-CABOCHON

SILLIMANIT-KRISTALLE IN DER MATRIX

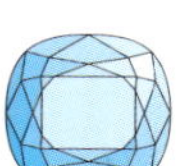

Ceylonschliff

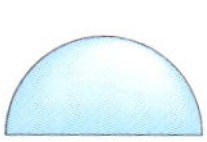

Cabochon

SG	BI	DI	Glanz
3,25	1,66–1,68	0,019	Glasglanz

Kristallstruktur	Zusammensetzung	Mohshärte
Orthorhombisch	Eisen-Magnesium-Silicat	5,5

HYPERSTHEN

Wie Enstatit (siehe S. 111) und Bronzit ist Hypersthen ein Mineral der Pyroxengruppe. Charakteristische Merkmale sind das rötliche Irisieren, das auf Goethit- und Hämatiteinschlüssen beruht. Steine, die zu dunkel zum Facettieren sind, werden häufig als Cabochon geschliffen. Bronzit, eine grünbraune Varietät mit bronzenem Glanz, ist spröde und wird deshalb fast nur für Sammler geschliffen.

• **Vorkommen:** Hypersthen in Edelsteinqualität findet man in Indien, Norwegen, Grönland, Deutschland und den USA. Bronzit gibt es in Österreich.

TREPPENSCHLIFF

GESCHLIFFENER BRONZIT

HYPERSTHEN-ROHSTÜCK

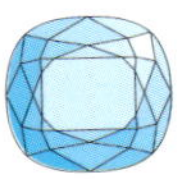

Ceylonschliff

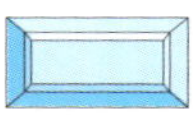

Baguette

SG	BI	DI	Glanz
3,35	1,65–1,67	0,010	Glasglanz

Kristallstruktur	Zusammensetzung	Mohshärte
Orthorhombisch	Magnesium-Aluminium-Silicat	7

CORDIERIT (IOLITH)

Veilchenblauer Cordierit wird wegen seiner Ähnlichkeit mit blauem Saphir auch Wassersaphir genannt. Man erkennt ihn an seinem ausgeprägten Pleochroismus, der mit bloßem Auge sichtbar ist und den Zweitnamen Dichroit bedingt. Das klarste Blau erscheint quer zur Länge des prismatischen Kristalls. Von der Seite hingegen kann der Stein farblos wirken.

• **Vorkommen:** Cordierit von Edelsteinqualität findet man in Alluvialablagerungen in Sri Lanka, Birma, Madagaskar und Indien. Weitere Fundorte sind Namibia und Tansania. Kristalle gibt es in Deutschland, Norwegen und Finnland.

CORDIERIT-KUBUS, 1. ANSICHT

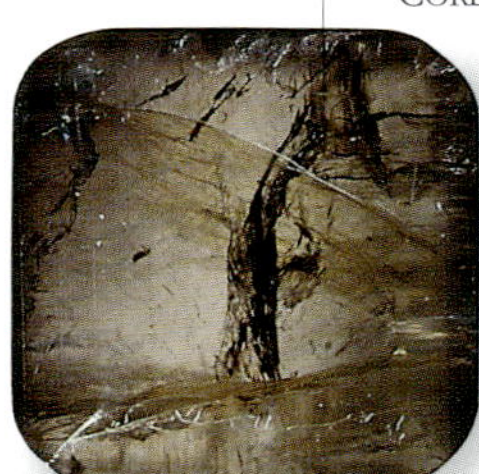

CORDIERIT-KUBUS, 2. ANSICHT

KRISTALL IN DER MATRIX

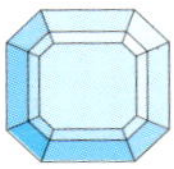

Treppenschliff

Cabochon

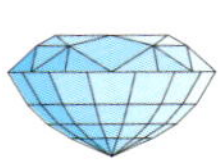

Ceylonschliff

SG	BI	DI	Glanz
2,63	1,53–1,55	0,010	Glasglanz

Kristallstruktur Orthorhombisch	Zusammensetzung Magnesium-Aluminium-Bor-Silicat	Mohshärte 6,5

KORNERUPIN

Kornerupin wurde 1884 benannt (nach einem Grönlandforscher), doch erst 1912 entdeckte man Aggregate von Edelsteinqualität. Bis heute wird er eigentlich nur für Sammler geschliffen. Starker Pleochroismus läßt ihn je nach Blickrichtung grün oder rötlich braun erscheinen. Die schönste Farbe zeigt sich, wenn die Tafelfacette parallel zur Kristallänge geschnitten wird.

- **Vorkommen:** Madagaskar, Sri Lanka und Ostafrika, wo man auch eine smaragdgrüne Varietät findet. Katzenaugen-Steine kommen aus Sri Lanka und Ostafrika.
- **Hinweis:** Verwechslungsmöglichkeit mit Turmalin und Enstatit.

TREPPENSCHLIFF

CEYLONSCHLIFF

KRISTALLE IN DER MATRIX

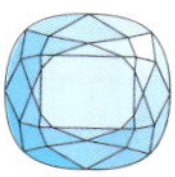

Ceylonschliff

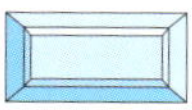

Baguette

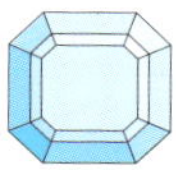

Treppenschliff

SG 3,32	BI 1,66–1,68	DI 0,013	Glanz Glasglanz

Kristallstruktur Orthorhombisch	Zusammensetzung Magnesium-Eisen-Silicat	Mohshärte 6,5

PERIDOT (OLIVIN)

Von Mineralogen Olivin genannt, bevorzugen Gemmologen für Edelsteinqualitäten dieses Steins den Namen Peridot. Er zeigt oliv- oder flaschengrüne Färbung (farbgebende Substanz ist Eisen) und einen charakteristischen Glas- bis Fettglanz. Seine ausgeprägte Doppelbrechung läßt bei größeren Kristallen die rückseitigen Facettenkanten doppelt erscheinen. Hochwertige Kristalle sind äußerst selten.

- **Vorkommen:** Peridot findet man auf der Insel Zebirget (Ägypten), in China, Birma, Brasilien, Hawaii, Arizona, Australien, Südafrika und Norwegen.
- **Hinweis:** Kreuzfahrer brachten Peridot im Mittelalter vom Roten Meer mit nach Europa. In Ägypten wird er seit 3500 Jahren abgebaut.

OVALER CEYLONSCHLIFF

CEYLONSCHLIFF

KRISTALL-BRUCHSTÜCK

Pendeloque

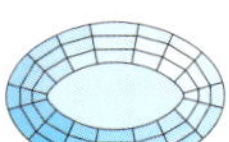

Treppenschliff

Cabochon

SG 3,34	BI 1,64–1,69	DI 0,036	Glanz Glas- bis Fettglanz

Kristallstruktur Orthorhombisch	Zusammensetzung Bleisulfat	Mohshärte 3

ANGLESIT

Anglesit ist normalerweise farblos oder zeigt einen leichten Gelbstich. Man findet jedoch auch graue, grüne, violette, braune oder schwarze Kristalle (das Schwarz basiert auf Galenit-Einlagerungen). Die Kristalle sind schwer, aber weich und spröde sowie sehr vollkommen spaltbar, also unbrauchbar für die Schmuckindustrie.

• **Vorkommen:** Anglesit bildet sich durch Oxidation von Galenit (Bleiglanz) und kommt in Anglesey (daher der Name) und in den Leadhills in Schottland vor. Die schönsten Kristalle stammen aus Namibia und Marokko.

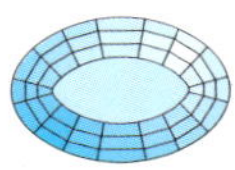

Treppenschliff

• Oft haben die Steine einen leichten Gelbstich

PHANTASIESCHLIFF

Transparenter Anglesit-Kristall mit spitzem Ende •

Galenit-Matrix •

ANGLESIT-KRISTALLE IN DER MATRIX

SG 6,35	BI 1,87–1,89	DI 0,017	Glanz Wachs- bis Diamantglanz

Kristallstruktur Orthorhombisch	Zusammensetzung Magnesium-Aluminium-Eisen-Borat	Mohshärte 6,5

SINHALIT

Bis 1952 hielt man Sinhalit für eine braune Peridot-Varietät. Seine Farbe schwankt zwischen blassem Gelbbraun und einem dunklen, grünlichen Braun. Die Kristalle zeigen einen deutlichen Pleochroismus, was denselben Stein von unterschiedlichen Seiten betrachtet hellbraun, grünbraun und dunkelbraun aussehen läßt. Für Sammler facettierte Steine können mit Peridot, Chrysoberyll und Zirkon verwechselt werden.

• **Vorkommen:** Die meisten Sinhalite von Edelsteinqualität findet man in Geröllhalden in Sri Lanka. Kristalle (selten) gibt es in Birma. Weitere Fundorte sind die ehemalige UdSSR und die USA (nur nichtschleifwürdige Aggregate).

• **Hinweis:** Sinhalit ist nach dem Wort »sinhala«, dem Sanskrit-Wort für Sri Lanka, benannt.

Blaß gelblich-• brauner Stein

• Der Schliff ist unregelmäßig, um Material zu erhalten

CEYLONSCHLIFF

Dunkles Gelb-• braun

CEYLONSCHLIFF

Vom Wasser gerundetes • Prisma

SINHALIT-KRISTALL

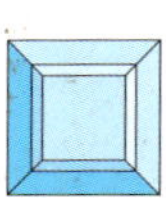

Treppenschliff

Ceylonschliff

SG 3,48	BI 1,67–1,71	DI 0,038	Glanz Glasglanz

Kristallstruktur	Zusammensetzung	Mohshärte
Orthorhombisch	Berylliumhydroxylborat	7,5

HAMBERGIT

Hambergit, benannt nach dem schwedischen Mineralogen Axel Hamberg, tritt in Form farbloser bis gelblich-weißer Kristalle auf, die jedoch nur selten Edelsteinqualität besitzen. Sehr spröde und sehr vollkommen spaltbar, wird Hambergit nur für Sammler facettiert. Geschliffen sieht er wie Glas aus, doch erscheinen die rückseitigen Facettenkanten von oben doppelt (hoher DI).

• **Vorkommen:** Schleifwürdige Qualitäten findet man in Kaschmir (Indien) und in Madagaskar.

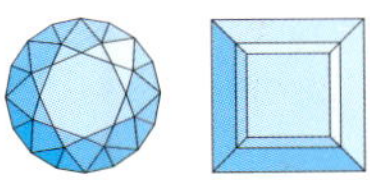

OVALER CEYLONSCHLIFF

CEYLONSCHLIFF

HAMBERGIT-KRISTALL

SG	BI	DI	Glanz
2,35	1,55–1,63	0,072	Glasglanz

Kristallstruktur	Zusammensetzung	Mohshärte
Orthorhombisch	Calcium-Aluminium-Hydroxylsilicat	6

PREHNIT

Häufig öliggrün, gibt es Prehnit auch von Blaßgelb bis Braun. Säulige oder tafelige Kristalle sind selten, weitaus häufiger findet man Aggregate aus faßförmigen Kristallen oder traubenförmiges Material. Manche blaßgelben Prehnite sind faserig genug, um, als Cabochon geschliffen, Katzenaugeneffekt zu zeigen.

• **Vorkommen:** Prehnit bildet sich in basaltischem Gestein, Tiefengestein und bestimmten metamorphen Gesteinen. Blaßgrünes Material gibt es in Schottland, dunkelgrünes und braunes in Australien, Kristallaggregate in Frankreich.

• **Hinweis:** Prehnit verdankt seinen Namen dem niederländischen Offizier van Prehn, der ihn nach Europa brachte.

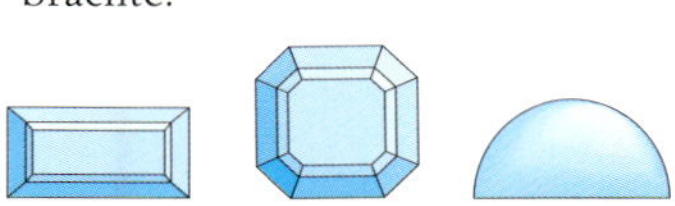

BRILLANTSCHLIFF

TREPPENSCHLIFF

GESCHLIFFENES BRUCHSTÜCK

KRISTALLE AN DER MATRIX

SG	BI	DI	Glanz
2,87	1,61–1,64	0,016	Glasglanz

Kristallstruktur Orthorhombisch	Zusammensetzung Calcium-Aluminium-Hydroxylsilicat	Mohshärte 6,5

ZOISIT

Zoisit tritt in verschiedenen Varietäten auf. Die begehrteste ist Tansanit, der seine saphirblaue Farbe Vanadiumeinlagerungen verdankt. Tansanit-Kristalle weisen starken Pleochroismus auf und zeigen sich deshalb entweder purpurfarben, blau oder schiefergrau. Bei künstlichem Licht kann Farbveränderung (in Richtung Violett) vorkommen. Eine derbe, grüne Zoisit-Varietät mit Rubin- und zuweilen auch dunklen Hornblende-Einschlüssen ist als Dekorationsstein beliebt. Thulit, die derbe rosarote Varietät, wird ebenfalls geschliffen oder zu kleinen Dekoobjekten verarbeitet. Farbgebende Substanz ist hier Mangan. Durch Hitzebehandlung läßt sich die Farbe mancher Zoisite intensivieren. Verwechslungsmöglichkeit mit Saphir, Thulit mit Rhodonit.

• **Vorkommen:** Tansanit wurde zuerst in Tansania entdeckt. Gelben und grünen Zoisit findet man in Tansania und Kenia, Thulit in Norwegen, Österreich, Westaustralien, Italien und North Carolina (USA).

• **Hinweis:** Zoisit hieß ursprünglich Saualpit – Baron von Zois entdeckte den ersten Stein auf der Saualpe in Kärnten.

TANSANIT, CEYLONSCHLIFF

TANSANIT, TREPPENSCHLIFF

TANSANIT-KRISTALL

TANSANIT-KRISTALL IN DER MATRIX

THULIT-PLATTE

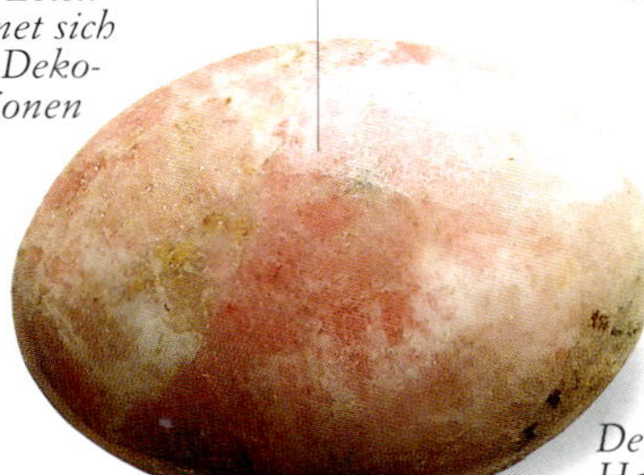

THULIT-CABOCHON

THULIT-ROHSTÜCK

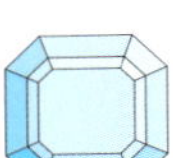
Treppenschliff

Cabochon

Kamee

SG 3,35	BI 1,69–1,70	DI 0,010	Glanz Glasglanz

Kristallstruktur	Zusammensetzung	Mohshärte
Orthorhombisch	Aluminium-Eisen-Hydroxylsilicat	7

STAUROLITH

Opake, kreuzförmige Staurolith-»Zwillinge« eignen sich wesentlich besser für Schmuckzwecke als die seltenen durchsichtigen Kristalle, die nur für Sammler geschliffen werden. Kreuzsteine, wie die Zwillingsbildungen heißen, sind als Amulett oder für religiösen Schmuck beliebt. Kristalle weisen rotbraune bis schwarze Färbung und Dichroismus auf.
• **Vorkommen:** Staurolith findet man in Mittel- und Westeuropa, der GUS, den USA und Brasilien.

KREUZSTEIN

KRISTALLE IM MUTTERGESTEIN

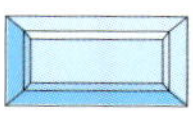
Baguette

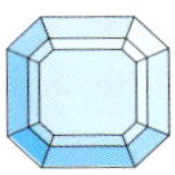
Treppenschliff

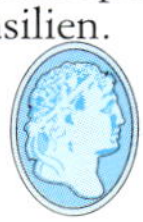
Kamee

SG	BI	DI	Glanz
3,72	1,74–1,75	0,013	Glasglanz

Kristallstruktur	Zusammensetzung	Mohshärte
Orthorhombisch	Aluminium-Eisen-Borsilicat	7

DUMORTIERIT

Dumortierit ist vorwiegend als derbes Aggregat bekannt, das geschliffen einen attraktiven violettblauen Dekorationsstein abgibt, doch wurden auch rötlichbraune und rote Varietäten gefunden. Prismatische Kristalle sind selten größer als 1 mm. Dumortierit tritt auch mit Bergkristall durchsetzt auf, heißt dann Dumortieritquarz und wird als Cabochon geschliffen oder zu Ziergegenständen verarbeitet.
• **Vorkommen:** Hochwertiges Material kommt aus Nevada (USA), sonst aus Frankreich, Madagaskar, Norwegen, Sri Lanka, Kanada, Polen, Namibia und Italien.
• **Hinweis:** Der Stein ist nach dem französischen Paläontologen M.E. Dumortier benannt.

CABOCHON AUS DUMORTIERITQUARZ

FLASCHE
Aus dem harten, aber attraktiven Dumortierit werden wunderschöne Dekoobjekte gefertigt.

DUMORTIERIT-SCHEIBE

DERBER DUMORTIERIT

Cabochon

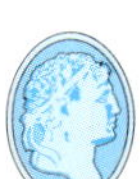
Kamee

Tafelschliff

SG	BI	DI	Glanz
3,28	1,69–1,72	0,037	Glasglanz

Kristallstruktur	Zusammensetzung	Mohshärte
Monoklin	Natrium-Beryllium-Phosphat	5,5

BERYLLONIT

Beryllonit-Kristalle sind farblos, weiß oder blaßgelb, aufgrund schwachen Feuers und niedriger Dispersion sowie sehr vollkommener Spaltbarkeit und Brüchigkeit jedoch nicht als Schmuckstein geeignet. Facettiert werden folglich nur Sammlerstücke.

• **Vorkommen:** Beryllonit ist ein Pegmatit-Mineral, das in Verbund mit Phenakit und Beryll in Maine (USA) gefördert wird. Weitere Fundorte sind Finnland und Simbabwe (aber überaus selten).

• **Hinweis:** Beryllonit verdankt seinen Namen dem Berylliumgehalt. Verwechslungsmöglichkeiten bestehen mit anderen farblosen Steinen von geringer Dispersion.

CEYLONSCHLIFF

CEYLONSCHLIFF

BERYLLONIT-KRISTALL

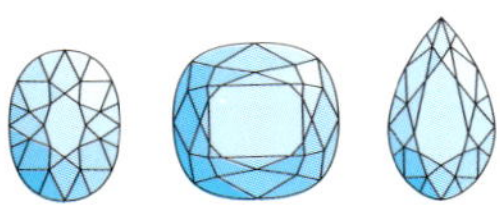

SG	BI	DI	Glanz
2,83	1,55–1,56	0,009	Glasglanz

Kristallstruktur	Zusammensetzung	Mohshärte
Monoklin	Aluminium-Natrium-Hydroxylphosphat	5,5

BRASILIANIT

Brasilianit ist ein seltener und ungewöhnlicher Schmuckstein. Nur für Sammler geschliffen, zeigt er prachtvolle gelbe bis gelbgrüne Farbe. Die Kristalle sind spröde, brechen leicht und muschelig und sind senkrecht zu ihrer Länge sehr vollkommen spaltbar.

• **Vorkommen:** Bedeutendster Fundort ist Brasilien, wo bis zu 15 cm große Kristalle entdeckt wurden. Kleine Kristalle fördert man in New Hampshire.

• **Hinweis:** 1944 in Minas Gerais (Brasilien) entdeckt, galt Brasilianit zunächst als Chrysoberyll, und erst genauere Untersuchungen ergaben, daß es sich um ein eigenes Mineral handelt. Er ist nach Brasilien benannt und kann mit Chrysoberyll, Beryll und Topas verwechselt werden.

TREPPENSCHLIFF

TREPPENSCHLIFF

GRUPPE VON KRISTALLEN

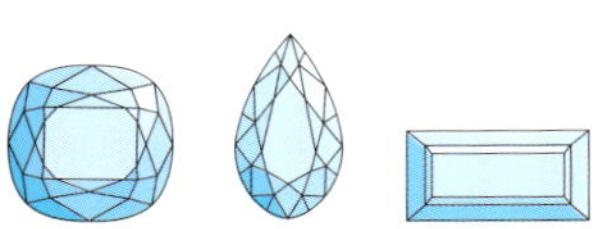

SG	BI	DI	Glanz
2,99	1,60–1,62	0,021	Glasglanz

Kristallstruktur Monoklin	Zusammensetzung Calcium-Magnesium-Silicat	Mohshärte 5,5

DIOPSID

Diopsid-Kristalle können farblos sein, gewöhnlich zeigen sie jedoch Grünfärbung (flaschen-, braun- oder hellgrün). Je eisenhaltiger und magnesiumärmer, desto dunkler die Farbe – die Skala reicht fast bis Schwarz. Leuchtend grüner Diopsid mit Chrom als farbgebender Substanz wird als Chromdiopsid bezeichnet. Veilchenblaue Kristalle, deren Färbung auf den Mangangehalt zurückzuführen ist, wurden in Italien und den USA gefunden und heißen auch Violan. Derber Diopsid wird zu Kugeln, faseriger zu Cabochons geschliffen und transparenter für Sammler auch facettiert.

• **Vorkommen:** Chromdiopsid von Edelsteinqualität in Birma, Sibirien, Pakistan und Südafrika. Weitere Diopsid-Lagerstätten gibt es in Österreich, Brasilien, Italien, den USA, Madagaskar, Kanada und Sri Lanka. Dunkelgrüner bis schwarzer Diopsid mit vierstrahligem Stern (als Cabochon) kommt seit 1964 aus Indien.

TREPPENSCHLIFF

OKTAGONALER TREPPENSCHLIFF

DIOPSIDE IN DER MATRIX

Brillantschliff

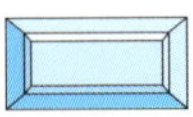

Baguette

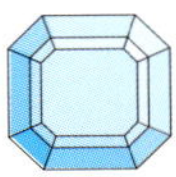

Treppenschliff

Cabochon

SG 3,29	BI 1,66–1,72	DI 0,029	Glanz Glasglanz

Kristallstruktur Monoklin	Zusammensetzung Hydriertes Magnesiumsilicat	Mohshärte 2,5

MEERSCHAUM

Meerschaum oder Sepiolith ist ein poröser, sehr feinkörniger, weicher und leichter Stein. Eine kompakte opake Masse von erdigem oder kreidigem Aussehen, zeigt Meerschaum weiße oder graue Färbung mit möglichem Gelb- oder Rotstich. Aufgrund seiner Weichheit läßt er sich leicht verzieren und wird zu kunstvollen Schmuckstücken verarbeitet. Besonders bekannt sind Pfeifenköpfe und Zigarettenspitzen aus Meerschaum, denen der Rauch eine schöne gelbliche Färbung verleiht.

• **Vorkommen:** Bedeutendster Fundort ist Eskischehir in der Türkei. Weitere Vorkommen in der ehemaligen Tschechoslowakei, Spanien, Griechenland und den USA.

KUGELKETTE
Weich und leicht läßt sich Meerschaum auch zu schwierigen Formen verarbeiten wie zu dieser reizvollen Kugelkette.

MASSIVES ROHSTÜCK

Kugel

Kamee

SG 1,50	BI 1,51–1,53	DI Kein	Glanz Stumpfer bis fettiger Glanz

Kristallstruktur Monoklin	Zusammensetzung Lithium-Aluminium-Silicat	Mohshärte 7

Spodumen

Spodumen tritt in einer breiten Farbpalette auf, am häufigsten ist jedoch ein gelbliches Grau. Zwei Varietäten – der rosa-violette Kunzit (Färbung durch Mangangehalt) und der leuchtend smaragdgrüne Hiddenit (Färbung durch Chromgehalt) – erzielen Liebhaberpreise, obwohl die sehr vollkommene Spaltbarkeit sie für Schmuckzwecke unbrauchbar macht. Ausgeprägter Pleochroismus bewirkt, daß der Stein, von verschiedenen Seiten betrachtet, farblos und in zwei Schattierungen seiner Grundfarbe erscheint. Die rosa Färbung kann mit der Zeit verblassen, läßt sich jedoch durch Bestrahlung wieder auffrischen.

• **Vorkommen:** Spodumen wurde 1877 in Brasilien entdeckt, Kunzit und Hiddenit aber erst 1879 als Varietäten desselben Minerals erkannt. Spodumen findet man auch in Madagaskar, Birma, den USA, Kanada, den Ländern der GUS, Mexiko und Schweden.

• **Hinweis:** Violett-rosa Kunzit ist nach dem Gemmologen G. F. Kunz benannt, der ihn 1902 erstmals beschrieb. Namensgeber des Hiddenit war W. E. Hidden, der das Mineral 1879 in North Carolina entdeckte.

Kunzit Ceylonschliff

Kunzit-Kristall

Achteck

Hiddenit-Kristall-Bruchstücke

Hiddenit in Treppenschliff

Hiddenit-Kristalle in der Matrix

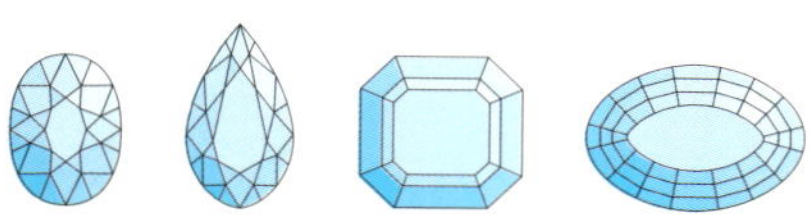

SG 3,18	BI 1,66–1,67	DI 0,015	Glanz Glasglanz

Kristallstruktur Monoklin	Zusammensetzung Calcium-Aluminium-Eisen-Hydroxylsilicat	Mohshärte 6,5

EPIDOT

Dieses recht dichte, brüchige Mineral zeigt vollkommene Spaltbarkeit und wird nur selten facettiert. Die Kristalle erscheinen als gelbe, grüne oder dunkelbraune säulige Prismen mit feiner Vertikalstreifung. Epidot weist ausgeprägten Pleochroismus auf und wirkt folglich entweder gelb, grün oder braun. Eine dunkelrote Varietät heißt Piemontit (nach dem Fundort Piemont).
• **Vorkommen:** Dunkelgrüne Kristalle kommen aus den österreichischen oder französischen Alpen. Epidot findet man auch in der GUS, Italien, Moçambique und Mexiko.

OVAL

RECHTECKIGER TAFELSCHLIFF

EPIDOT-KRISTALLE IN DER MATRIX

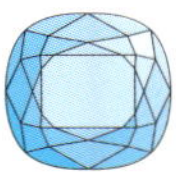
Ceylonschliff

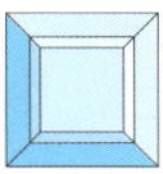
Treppenschliff

SG 3,40	BI 1,74–1,78	DI 0,035	Glanz Glasglanz

Kristallstruktur Monoklin	Zusammensetzung Calcium-Titan-Silicat	Mohshärte 5

TITANIT (SPHEN)

Titanit ist bekannt für brillantes Feuer (höhere Dispersion als Diamant!) und intensive Farben, wird jedoch selten zu Schmuckzwecken geschliffen, da er zu weich und zu brüchig ist. Sammler lassen sich jedoch durchsichtige gelbe, grüne oder braune Steine facettieren. Titanit hat ausgeprägten Pleochroismus (zeigt drei verschiedene Farben), starke Doppelbrechung (was man an der Verdoppelung der Rückseitenfacetten erkennt) und Diamantglanz.
• **Vorkommen:** Titanit in Edelsteinqualität findet man in metamorphen Gesteinen wie Gneiss und Schiefer, aber auch in Graniten in Österreich, Kanada, der Schweiz, Madagaskar, Mexiko und Brasilien.

ANTIK

TITANIT-RING
Im Brillantschliff facettierte Steine zeigen intensives Feuer und attraktive Farben.

TITANIT-KRISTALLE IN DER MATRIX

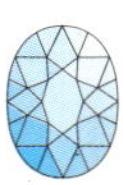
Brillantschliff

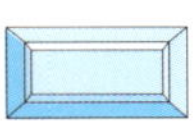
Baguette

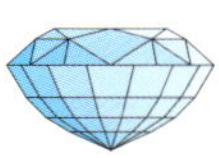
Ceylonschliff

SG 3,53	BI 1,84–2,03	DI 0,120	Glanz Diamantglanz

Kristallstruktur Monoklin	Zusammensetzung Kalium-Aluminium-Silicat	Mohshärte 6

FARBLOSER ORTHOKLAS

Den Kalifeldspat Orthoklas gibt es in vielen Farben, am häufigsten sind jedoch farblose Steine. Adular, eine farblose, durchsichtige Varietät aus der Schweiz, zeigt einen flächigen, bläulich-weißen Schimmer – man spricht auch von Adularisieren.

• **Vorkommen:** Orthoklas-Feldspat tritt in magmatischem Gestein auf und bildet einen Hauptbestandteil granitischer Pegmatite. Man findet ihn auch in metamorphen Gesteinen wie Schiefer und Gneis. Klarer, farbloser Orthoklas kommt in Madagaskar vor; gelbes und farbloses schleifwürdiges Material, Katzenaugen und Sternsteine (selten) gibt es in Sri Lanka und Australien.

• **Hinweis:** Feldspate sind die bedeutendsten gesteinsbildenden Minerale der Erdoberfläche. Man unterscheidet zwei Hauptgruppen: Kalifeldspat und Kalknatronfeldspat (siehe S. 130). Der Name Orthoklas (griechisch) bezieht sich auf die sehr vollkommene Spaltbarkeit bei fast 90°

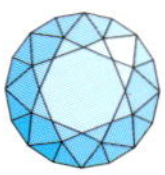

Brillantschliff

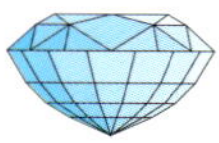

Ceylonschliff

ADULAR IM ANTIKSCHLIFF

ADULAR-KRISTALL

ORTHOKLAS MIT QUARZ

SG 2,56	BI 1,51–1,54	DI 0,005	Glanz Glasglanz

Kristallstruktur Monoklin	Zusammensetzung Kalium-Aluminium-Silicat	Mohshärte 6

GELBER ORTHOKLAS

Die gelbe Varietät des Orthoklas-Feldspates wird normalerweise im Treppenschliff facettiert, da die Steine leicht brechen. Farbgebende Substanz ist Eisen. Orthoklas-Kristalle sind säulige oder tafelige Prismen und weisen häufig Zwillingsbildung auf.

• **Vorkommen:** Den schönsten gelben Orthoklas (für Sammler facettiert) findet man in Pegmatiten in Madagaskar. Gelber Orthoklas aus Madagaskar und Deutschland zeigt als Cabochon geschliffen zuweilen Katzenaugeneffekt.

• **Hinweis:** Feldspate bilden sich in magmatischen und metamorphen Gesteinen. Welche Art entsteht, ist temperaturabhängig.

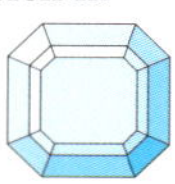

Treppenschliff

ACHTECK

KRISTALL-BRUCHSTÜCK

SG 2,56	BI 1,51–1,54	DI 0,005	Glanz Glasglanz

Kristallstruktur Monoklin	Zusammensetzung Kalium-Aluminium-Silicat	Mohshärte 6

MONDSTEIN (ORTHOKLAS)

Die opalisierende Varietät des Orthoklas heißt Mondstein, was mit ihrem bläulichweißen Schiller zusammenhängt, der an die silberblaue Farbe des Mondes erinnert. Ursache hierfür ist die innere Struktur des Steins, die die Lichtstrahlen reflektiert. Sie besteht aus abwechselnden Lagen von Albit und Orthoklas-Feldspat. Dünne Albit-Schichten ergeben ein attraktives Blau, dickere produzieren einen weißen Schiller.

• **Vorkommen:** Die schönsten Steine kommen aus Birma und Sri Lanka. Weitere Fundorte sind Indien, Madagaskar, Brasilien, die USA, Mexiko, Tansania und die Alpen.

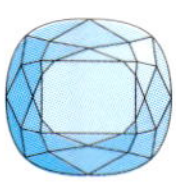

Brillantschliff

Cabochon

Kamee

MONDSTEIN-KAMEE
Der Mondstein dieser wunderschönen Kamee zeigt den charakteristischen blauen Schiller.

ANTIKSCHLIFF

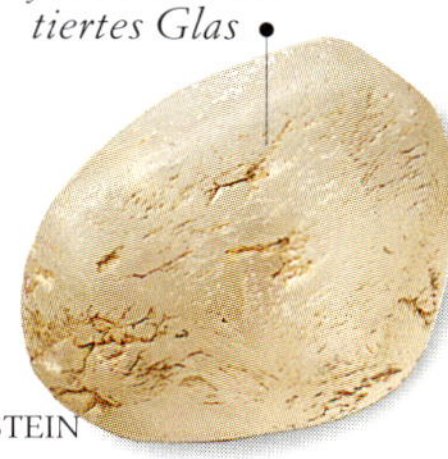

VOM WASSER GERUNDETER MONDSTEIN

SG 2,57	BI 1,52–1,53	DI 0,005	Glanz Glasglanz

Kristallstruktur Triklin	Zusammensetzung Kalium-Aluminium-Silicat	Mohshärte 6

MIKROKLIN

Mikroklin ist ein Kalifeldspat und tritt farblos, weiß, gelb, rosa, rot, grau, grün oder blaugrün auf. Am häufigsten zur Schmuckherstellung verwendet wird allerdings die halb-opake, blaugrüne Varietät mit dem Namen Amazonit (nach dem Amazonas). Als Cabochon läßt sich Amazonit zu fast jeder Größe schleifen. Seine leuchtende Farbe geht auf Bleigehalt zurück.

• **Vorkommen:** Die bedeutendsten Amazonit-Lagerstätten befinden sich in Indien. Weitere Fundorte sind die USA, Kanada, die ehemalige UdSSR, Madagaskar, Tansania und Namibia.

• **Hinweis:** Mikroklin hat dieselbe chemische Zusammensetzung wie Orthoklas, ist aber triklin.

Kugel

Cabochon

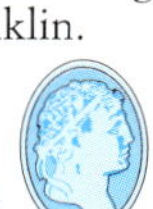

Kamee

AMAZONIT-CABOCHON

AMAZONIT-ROHSTÜCK

AMAZONIT-ROHSTÜCK

SG 2,56	BI 1,52–1,53	DI 0,008	Glanz Glas- bis Seidenglanz

Kristallstruktur Monoklin	Zusammensetzung Natrium-Aluminium-Silicat	Mohshärte 7

JADEIT (JADE)

Jahrhundertelang galt Jade als ein und dasselbe Mineral, bis man 1863 herausfand, daß es sich dabei um zwei verschiedene Materialien handelt: Jadeit und Nephrit. Nephrit (rechts) ist weiter verbreitet, doch sind beides zähe, feinkörnige Substanzen und gleichermaßen zur Bearbeitung geeignet. Jadeit, der aus Pyroxenkristallen besteht, tritt in vielen Farben auf, darunter Grün, Violett, Weiß, Rosa, Braun, Rot, Blau, Schwarz, Orange und Gelb. Die begehrteste Varietät, Imperial-Jade (oder Kaiser-Jade) zeigt durch Chrom bedingt herrliches Smaragdgrün. Geschliffener Jadeit weist häufig eine narbige Oberfläche auf.

• **Vorkommen:** Jadeit findet man in metamorphen Gesteinen, Alluvialablagerungen und als Klumpen. Diese bilden zuweilen eine braune Verwitterungsschicht, die bei der Verarbeitung zu Kunstgegenständen für dekorative Effekte genutzt wird. Bedeutendste Fundstelle ist Birma, das seit mehr als 2000 Jahren Jade nach China exportiert. Mittelamerikanische Indianer fertigten Kunstwerke aus guatemaltekischem Jadeit. Jadeit gibt es auch in Japan und Kalifornien.

• **Hinweis:** Den spanischen Conquistadores gefiel Jadeit so gut, daß sie sich daraus Amulette fertigen ließen, die als »piedra de hijada« (Lendenstein) oder »piedra de los rinoes« (Nierenstein) Hüft- und Nierenleiden kurieren sollten.

POLIERTE IMPERIAL-JADE

MEXIKANISCHE MASKE
Diese opake, marmorierte Maske wurde vor 1753 in Mexiko gefertigt. Ältere Jadeit-Skulpturen zeigen meist eine narbige Oberfläche; moderne Schleifmittel schaffen glattere Flächen.

JADEITKUGEL

ANGESCHLIFFENES BRUCHSTÜCK

Kugel

Kamee

Tafelschliff

SG 3,33	BI 1,66–1,68	DI 0,012	Glanz Fett- bis Perlglanz

Kristallstruktur	Zusammensetzung	Mohshärte
Monoklin	Calcium-Magnesium-Eisen-Silicat	6,5

NEPHRIT (JADE)

Erst 1863 (siehe links) wurde Nephrit als eigenständiges Mineral erkannt. Die Aggregate faseriger Amphibol-Kristalle sind außerordentlich zäh, weshalb Nephrit seit Urzeiten geschätzt wurde. Zunächst fertigte man daraus Waffen, später Kult- und Kunstgegenstände und Ornamente. Die Farben schwanken zwischen dunkelgrünem, eisenreichem Nephrit und einer cremfarbenen, magnesiumhaltigen Varietät. Nephrit-Jade kann völlig einfarbig sein, aber auch Flecken oder Bänderung aufweisen.

• **Vorkommen:** Seit mehr als 2000 Jahren verarbeiten die Chinesen Nephrit-Jade zu Figuren und Symbolen. Das Rohmaterial wurde vermutlich zuerst aus Zentralasien, später aus Birma eingeführt. Weitere Fundorte sind Sibirien (dunkelgrüne, häufig schwarzgefleckte Blöcke), Rußland (spinatfarbene Steine) und China selbst. Nephrit-Jade tritt auch in Neuseeland auf, wo die Maori daraus Gebrauchs- und Kultobjekte schnitzten). Außerdem findet man Nephrit in Australien (schwarze Varietät), den USA, Kanada, Mexiko, Brasilien, Taiwan, Simbabwe (dunkelgrün), Italien, Polen, Deutschland und der Schweiz.

• **Hinweis:** Verwechslungsmöglichkeit mit Bowenit-Serpentin.

CHINESISCHE JADEARBEIT

Nephrit-Jade wird in China seit vielen Jahrhunderten bearbeitet. Das Material ist so zäh, daß es sich selbst für feinste Ornamente eignet.

DOLCHGRIFF

Wegen seiner großen Stabilität diente Nephrit schon in prähistorischen Zeiten zur Herstellung von Waffen (»Beilstein«).

FABERGÉ-SCHNECKE

Der fettige Glanz von Nephrit verleiht dieser Arbeit des berühmten Juweliers zusätzliche Attraktivität.

CHINESISCHES KAMEL

Die Form des Rohlings gab hier die Gestalt der Skulptur vor. Es ist nur eine Seite des Steinblocks bearbeitet.

NEPHRIT-BLOCK

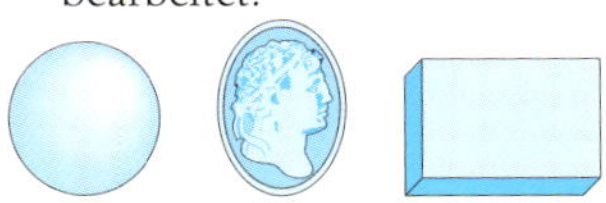

Kugel Kamee Tafelschliff

SG	BI	DI	Glanz
2,96	1,61–1,63	0,027	Fett- bis Perlglanz

Kristallstruktur Monoklin	Zusammensetzung Kupfer-Hydroxylcarbonat	Mohshärte 4

MALACHIT

Malachit kommt gewöhnlich in Form opaker, grüner Aggregate vor; farbgebende Substanz ist Kupfer. Malachit-Kristalle sind zu klein, um facettiert zu werden, aber das derbe Material wird auf vielerlei Art geschnitten und poliert, um die prachtvolle Bänderung der verschiedenen Grüntöne zur Geltung zu bringen. Malachit soll Gefahren und Krankheit abwehren.
• **Vorkommen:** Weltweit, größter Produzent ist heute Zaire.

Cabochon

GESCHLIFFENER MALACHIT

MALACHIT-ROHSTÜCK

SG 3,80	BI 1,85 (gering)	DI 0,025	Glanz Glas- bis Seidenglanz

Kristallstruktur Monoklin	Zusammensetzung Hydrathaltiges Kupfersilicat	Mohshärte 2

CHRYSOKOLL

Chrysokoll findet man als hell- oder blaugrüne Krusten oder als kompakte, traubenartige Gruppen. Für Schmuckzwecke werden meist mit Quarz oder Opal verwachsene Kristalle verwendet.
• **Vorkommen:** In Kupferminen, vor allem in Chile, der GUS und Zaire. »Eilatstein« (Verwachsung mit Malachit und Türkis) soll aus den Minen König Salomons stammen.

Kugel

GESCHLIFFENER CHRYSOKOLL

CHRYSOKOLL-ROHSTÜCK

SG 2,20	BI 1,57–1,63	DI 0,030	Glanz Fett- bis Glasglanz

Kristallstruktur Monoklin	Zusammensetzung Kupfer-Hydroxylcarbonat	Mohshärte 3,5

AZURIT

Azurit ist ein azurblaues Kupfermineral, das gelegentlich in prismatischen Kristallen (selten facettiert), häufiger in derber Form und in Verbund mit Malachit auftritt.
• **Vorkommen:** Vor allem in Kupfersulfidlagerstätten in Australien, Chile, der GUS, Afrika und China. Steine aus Chessy, Frankreich, werden Chessylith genannt.

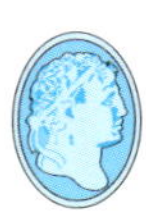
Kamee

GEBÄNDERTER AZURIT

AZURIT-KRISTALLE IN DER MATRIX

SG 3,77	BI 1,73–1,84	DI 0,110	Glanz Glasglanz

Kristallstruktur Monoklin	Zusammensetzung Magnesium-Hydroxylsilicat	Mohshärte 5

SERPENTIN

Der Name Serpentin umfaßt eine ganze Gruppe vorwiegend grüner Minerale, die als Massen winziger, verwachsener Kristalle vorkommen. Die Schmuckindustrie nutzt vorwiegend zwei Arten: den durchscheinenden grünen oder blaugrünen Bowenit und den selteneren Williamsit (durchscheinend, fettig-grün mit Äderung oder Flecken). Beide lassen sich schneiden, gravieren und schleifen.

• **Vorkommen:** Bowenit findet man in Neuseeland, China, Afghanistan, Südafrika und den USA. Williamsit gibt es in Italien, England und China.

WILLIAMSIT-CABOCHON

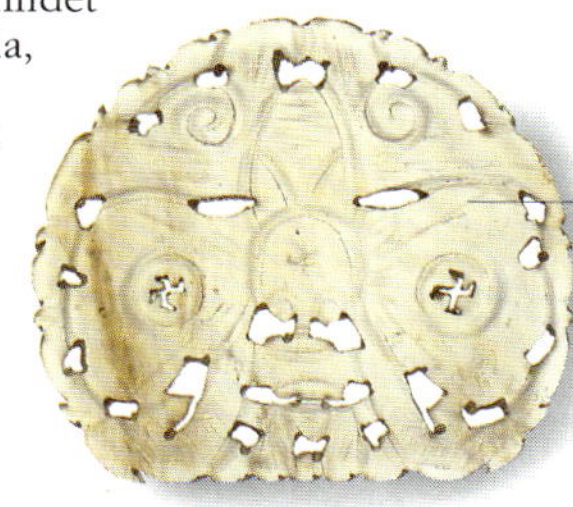

BOWENIT-AMULETT

SERPENTINIT-GESTEIN

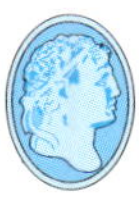

Kamee

Tafelschliff

SG 2,60	BI 1,55–1,56	DI 0,001	Glanz Glas- bis fettglänzend

Kristallstruktur Monoklin	Zusammensetzung Hydrathaltiges Zinkphosphat	Mohshärte 3,5

PHOSPHOPHYLLIT

Phosphophyllit ist einer der seltensten Schmucksteine und erzielt Liebhaberpreise. Die Kristalle, die als Prismen oder mit dickem, tafeligem Habitus auftreten, schwanken farblich zwischen farblos und tiefem Blaugrün; die begehrtesten zeigen ein sehr zartes, bläuliches Grün. Dennoch wird der Stein selten geschliffen, da er sehr spröde ist und große Kristalle zu kostbar sind, um aufgespalten zu werden.

• **Vorkommen:** Die schönsten Kristalle (und die einzigen facettierbaren) stammen aus Bolivien. Weitere Fundorte sind Deutschland und New Hampshire.

ACHTECK

ACHTECK

PHOSPHOPHYLLIT-KRISTALLE

PHOSPHOPHYLLIT-KRISTALLE AUF PYRIT

Brillantschliff

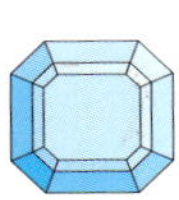

Achteck

SG 3,10	BI 1,59–1,62	DI 0,021	Glanz Glasglanz

Kristallstruktur Monoklin	Zusammensetzung Mg.-Al.-Hydroxylphosphat	Mohshärte 5,5

Lazulith (Blauspat)

Lazulith-Kristalle sind äußerst selten. Die Farben reichen von einem gesprenkelten Blau bis Dunkelblau. Durchsichtige Steine zeigen Pleochroismus (blau und farblos). Halb durchscheinende und opake Lazulithe, die man als kleine Kristallfragmente findet, ergeben geschliffen dekorative Kugeln oder Cabochons.

• **Vorkommen:** Hauptfundorte sind die USA, Brasilien, Indien, Schweden, Österreich, die Schweiz, Madagaskar und Angola.

Cabochon

Polierter Cabochon

Lazulit in Matrix

SG 3,10	BI 1,61–1,64	DI 0,031	Glanz Glasglanz

Kristallstruktur Monoklin	Zusammensetzung Hydrathaltiges Calcium-Bor-Silicat	Mohshärte 3,5

Howlith

Howlith ist ein leichtes, weiches Mineral von kalkweißer Farbe, meist mit schwarzer oder brauner Äderung. Kristalle treten zuweilen in Gruppen auf. Howlith ist sehr porös und läßt sich gut färben, weshalb er häufig als Türkis-Imitat benutzt wird.

• **Vorkommen:** Howlith wird in großen Mengen in Kalifornien (USA) gefördert.

• **Hinweis:** Trotz seiner geringen Härte läßt sich Howlith bearbeiten und dient zuweilen als Dekorationsstein.

Kugel

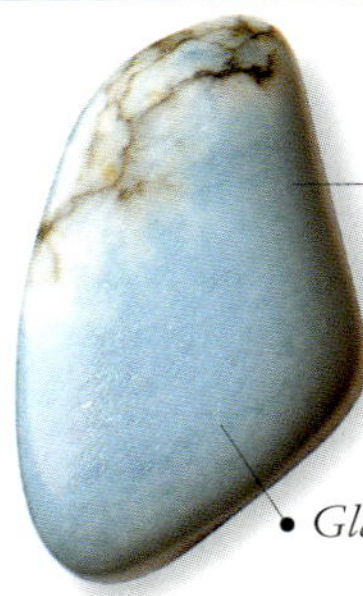

Gefärbter Howlith

Derbes Rohstück

SG 2,58	BI 1,58–1,59	DI 0,022	Glanz Glasglanz

Kristallstruktur Monoklin	Zusammensetzung Hydrathaltiges Calciumsulfat	Mohshärte 2

Gips

Verschiedene Arten von Gips werden für Dekorationszwecke verwendet. Die bekannteste ist Alabaster, eine feinkörnige, pastellfarbige Varietät, die häufig gefärbt wird. Der farblose Selenit wird gelegentlich für Sammler facettiert, ist aber sehr weich. Satinspat weist faserige Struktur auf und wird gerne als Cabochon geschliffen.

• **Vorkommen:** Hauptfundorte für Alabaster sind Italien und England, Selenit kommt in Italien, Mexiko, den USA und Chile vor.

Cabochon

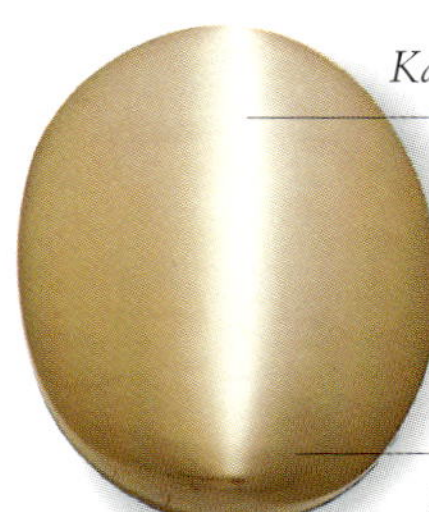

Geschliffener Satinspat

Satinspat-Rohstück

SG 2,32	BI 1,52–1,53	DI 0,010	Glanz Seiden- bis Glasglanz

Kristallstruktur	Zusammensetzung	Mohshärte
Monoklin	Calcium-Hydroxyl-Bor-Silicat	5

DATOLITH

Durchsichtige, farblose Datolith-Kristalle werden nur für Sammler facettiert. Zuweilen weisen sie einen leichten Gelb-, Weiß- oder Grünstich auf. Meist findet man Datolith als derbes Mineral mit gelegentlichen Kupfereinschlüssen.

• **Vorkommen:** Datolith wird in Österreich, Italien, Norwegen, den USA, Deutschland und England gefördert. Derber Datolith kommt aus den USA.

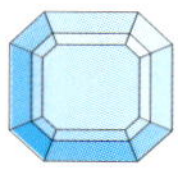

Treppenschliff

Kristalle werden nur für Sammler geschliffen

ACHTECK

Farblos, mit Gelbstich

KRISTALL

SG	BI	DI	Glanz
2,95	1,62–1,65	0,044	Glasglanz

Kristallstruktur	Zusammensetzung	Mohshärte
Monoklin	Lithium-Aluminium-Silicat	6

PETALIT

Feiner Petalit ist selten und sehr empfindlich, weshalb er nur für Sammler facettiert wird. Die Kristalle erscheinen als tafelige oder säulige Prismen, durchsichtig, farblos oder weiß und wirken glasähnlich. Derber Petalit wird meist als Cabochon geschliffen.

• **Vorkommen:** Elba, Brasilien, Australien, Schweden, Finnland, USA, Simbabwe und Namibia.

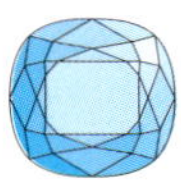

Ceylonschliff

Gute Steine sind selten und brüchig

GEMISCHTER SCHLIFF

Faseriges Material

PETALIT-ROHSTÜCK

SG	BI	DI	Glanz
2,42	1,50–1,51	0,014	Glas- bis Perlglanz

Kristallstruktur	Zusammensetzung	Mohshärte
Monoklin	Beryllium-Aluminium-Hydroxylsilicat	7,5

EUKLAS

Die begehrteste Farbe des sehr seltenen Euklas ist ein blasses Aquamarinblau, aber es gibt auch weiße, grüne und farblose Steine. Die Kristalle sind prismatisch und zeigen sehr vollkommene Spaltbarkeit, weshalb sie mit großer Vorsicht geschnitten werden müssen.

• **Vorkommen:** Euklas tritt vorwiegend in Pegmatiten auf. Fundorte sind Brasilien, Tansania, Zaire, Kenia, die GUS, Indien, Simbabwe und die USA.

Treppenschliff

Schwarze Mineraleinschlüsse

ACHTECK

Prisma mit Streifung

Muscheliger Bruch

PRISMATISCHER KRISTALL

SG	BI	DI	Glanz
3,10	1,65–1,67	0,019	Glasglanz

Kristallstruktur Triklin	Zusammensetzung Natrium-Calcium-Aluminium-Silicat	Mohshärte 6

ALBIT

Albit ist einer von sechzehn Kalknatronfeldspaten, die sich jeweils durch ihren Albit- und Anorthit-Gehalt unterscheiden – und Albit ist derjenige mit dem höchsten Albitgehalt. Normalerweise weiß, tritt Albit aber auch farblos auf. Peristerit, eine Albit-Oligoklas-Mischung, zeigt einen dem Mondstein ähnlichen bläulichen Schiller.
• **Vorkommen:** Peristerit in Kanada.

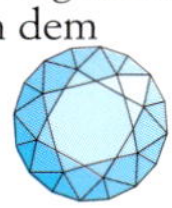
Brillantschliff

Brillantschliff

Albit ist mitunter farblos

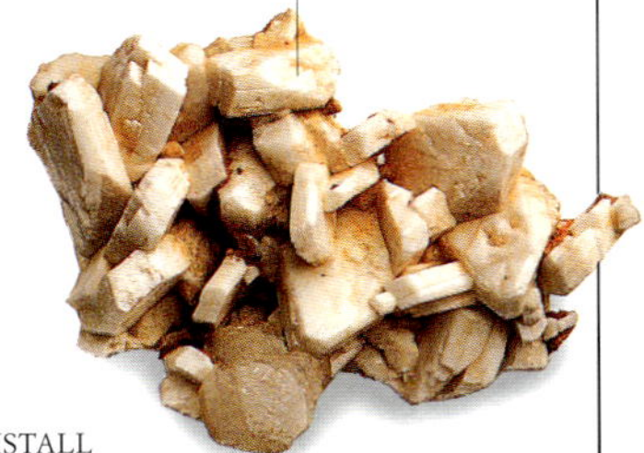
Cremefarbener, opaker Kristall

ALBIT-KRISTALL

SG 2,64	BI 1,54–1,55	DI 0,009	Glanz Glas- bis Perlglanz

Kristallstruktur Triklin	Zusammensetzung Natrium-Calcium-Aluminium-Silicat	Mohshärte 6

OLIGOKLAS

Oligoklas zählt zu den Kalknatronfeldspaten (siehe oben). Juweliere schätzen besonders eine Varietät, die Sonnenstein oder Aventurin-Feldspat genannt wird und metallisch schimmert. Dieses Flittern beruht auf Einschlüssen von Metallplättchen. Sonnenstein läßt sich facettieren, wird aber meist als Cabochon geschliffen.
• **Vorkommen:** Sonnenstein findet man in Norwegen, den USA, Indien, der GUS und Kanada.

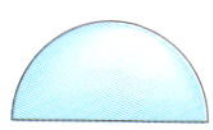
Cabochon

SONNENSTEIN-NADEL Hämatit-Einschlüsse bewirken das prächtige Schimmern dieses Sonnensteins.

Hämatit-Plättchen in paralleler Streifung

SONNENSTEIN-ROHSTÜCK

SG 2,64	BI 1,54–1,55	DI 0,007	Glanz Glasglanz

Kristallstruktur Triklin	Zusammensetzung Natrium-Calcium-Aluminium-Silicat	Mohshärte 6

LABRADORIT

Labradorit ist der am häufigsten zu Schmuckzwecken verwendete Kalknatronfeldspat (siehe oben, Albit). Es gibt orangen, gelben, farblosen und roten Labradorit, besonders begehrt aber sind Steine, die ein buntes Farbenspiel aufweisen.
• **Vorkommen:** In metamorphen und magmatischen Gesteinen in Labrador (Kanada), Finnland, Norwegen und den Staaten der GUS.

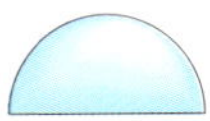
Cabochon

Tafelschliff

Die polierte Oberfläche schillert

CABOCHON

Interferenzen an inneren Bruchstellen

LABRADORIT-ROHSTÜCK

SG 2,70	BI 1,56–1,57	DI 0,010	Glanz Glasglanz

Kristallstruktur	Zusammensetzung	Mohshärte
Triklin	Kupfer-Aluminium-Phosphat	6

TÜRKIS

Türkis, einer der ersten geförderten Schmucksteine überhaupt, wird seit Jahrtausenden seiner intensiven Farbe geschätzt, die je nach Eisen- und Kupfergehalt zwischen Himmelblau und Grün schwankt. Türkis tritt fast immer in mikrokristalliner, derber Form auf, meist in Klüften oder als Knollen. Er ist opak bis halb durchscheinend, leicht, spröde und bricht muschelig. Bei porösen Steinen ist die Bruchgefahr sehr groß. Man glättet und schützt sie deshalb mit Wachs oder Harz.

• **Vorkommen:** Himmelblauer Türkis aus der Türkei gilt als besonders wertvoll, in Tibet bevorzugt man jedoch eine grüne Varietät. Grünere Steine, die recht porös sind und leicht ausbleichen, findet man in Mexiko und den USA. Weitere Fundorte sind die GUS-Staaten, Chile, Australien und Cornwall (England).

• **Hinweis:** Früher glaubte man, Türkise warnten durch Farbwechsel vor Gefahr oder Krankheit. Türkis wird durch gefärbten Howlith, Kalkstein, Chalcedon, gefärbtes Horn, Glas und Email imitiert. Gilson-Imitate werden seit 1972 in Frankreich produziert. Der Name leitet sich ab von »türkisch«, da Türkise einst aus der Türkei importiert wurden.

KINDERKOPF

Dieser grünblaue Türkis in Form eines Kinderkopfes ist in einen Ring gefaßt.

PERSISCH BLAU

Diese beiden Ornamentsteine mit goldeingelegter Gravur sind aus feinstem himmelblauem Türkis, wie er in Persien schon seit mehr als 3000 Jahren abgebaut wird. Die Farbe beruht auf Kupfergehalt und Spuren von Eisen. Persischer Türkis kam über die Türkei nach Europa.

GILSON-IMITAT

GILSON-»SPINNWEBEN«-IMITAT

TÜRKIS IN DER MATRIX

Kugel

Cabochon

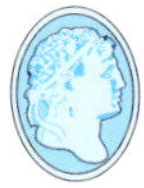

Kamee

SG	BI	DI	Glanz
2,80	1,61–1,65	0,040	Wachsglanz bis matt

Kristallstruktur Triklin	Zusammensetzung Mangansilicat	Mohshärte 6

RHODONIT

Rhodonit zeigt ein ausgeprägtes Rosa oder Rosenrot, obwohl Steine mit schwarzer Aderung allgemein mehr geschätzt werden als einfarbige. Derber Rhodonit ist normalerweise opak bis durchscheinend und wird im Kunstgewerbe verarbeitet oder rund geschliffen. Durchsichtige Kristalle sind selten und empfindlich.

• **Vorkommen:** Kristalle und derbe Aggregate findet man im Ural, in Schweden und Australien. Feinkörniger Rhodonit kommt auch aus Brasilien, Mexiko, den USA, Kanada, Italien, Indien, Madagaskar, Südafrika, Japan, Neuseeland und England.

• **Hinweis:** Der Name leitet sich vom griechischen Wort für »Rose« ab.

CABOCHON

RHODONIT-ROHSTÜCK

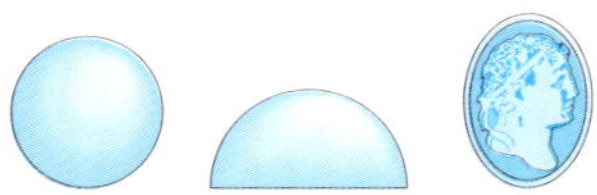
Kugel Cabochon Kamee

SG 3,60	BI 1,71–1,73	DI 0,014	Glanz Glasglanz

Kristallstruktur Triklin	Zusammensetzung Li-Al-Hydroxylphosphat	Mohshärte 6

AMBLYGONIT

Amblygonit kommt in vielen Farben (weiß, rosa, grün, blau und goldgelb), aber auch (seltener) farblos vor. Allerdings werden selbst große durchsichtige bis durchscheinende Kristalle nur selten geschliffen, da Amblygonit sehr weich ist. Es treten auch derbe Varietäten auf.

• **Vorkommen:** Amblygonit findet man in Pegmatiten. Die schönsten Steine stammen aus Brasilien, weitere Vorkommen gibt es in den USA. In Namibia findet man eine blaßlila Varietät.

• **Hinweis:** Verwechslungsmöglichkeit besteht mit Brasilianit und Skapolith.

OVAL

OVAL

UNVOLLSTÄNDIGER KRISTALL

Brillantschliff Brillantschliff Ceylonschliff

SG 3,02	BI 1,57–1,60	DI 0,026	Glanz Glasglanz

Kristallstruktur Triklin	Zusammensetzung Borsilicat	Mohshärte 7

AXINIT

Axinit verdankt seinen Namen (griechisch: »Beil«) den scharfkantigen, beilförmigen Kristallen. Diese sind zwar hart und schön gefärbt, aber spröde und selten makellos und werden deshalb nur für Sammler facettiert. Axinite sind meist braun, es gibt aber auch honiggelbe und pflaumenfarbene Varietäten, in Tansania eine blaue Art. Axinit ist stark pleochroitisch.

• **Vorkommen:** In Graniten und metamorphen Gesteinen. Die honiggelben Kristalle kommen aus New Jersey (USA). Weitere Fundorte sind Mexiko, England, Frankreich und Sri Lanka.

• **Hinweis:** Dunkle Axinite können mit Rauchquarz verwechselt werden.

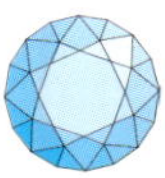
Brillantschliff

Brillantschliff

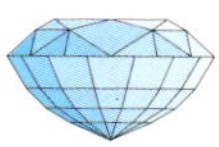
Ceylonschliff

OVAL

BRILLANTSCHLIFF

AXINIT-KRISTALLE

SG 3,28	BI 1,67–1,70	DI 0,011	Glanz Glasglanz

Kristallstruktur Triklin	Zusammensetzung Aluminiumsilicat	Mohshärte 5/7

KYANIT

Kyanite in Edelsteinqualität zeigen blasse bis intensive Blautöne, Weiß, Grau oder Grün. Die Farbverteilung innerhalb des Kristalls kann ungleichmäßig sein, meist liegen die dunkelsten Stellen in der Prismenmitte.

• **Vorkommen:** Kyanit findet man in metamorphem Gneis und Schiefer, in Pegmatitadern, in metamorphen Gesteinen sowie in Alluvialablagerungen. Schleifwürdige Kristalle gibt es in Birma, Brasilien, Kenia und den Alpen. Alluviale Ablagerungen kommen in Indien, Australien, Kenia und den USA vor.

• **Hinweis:** Kyanit-Kristalle sind parallel zur Spaltbarkeitsrichtung weicher, senkrecht dazu härter.

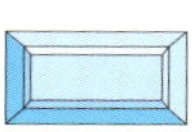
Baguette

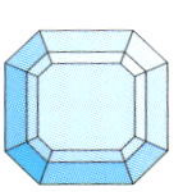
Treppenschliff

Cabochon

BAGUETTE

KRISTALL

KRISTALLE IN DER MATRIX

SG 3,68	BI 1,71–1,73	DI 0,017	Glanz Glas- bis Perlglanz

Kristallstruktur Amorph	Zusammensetzung Kieselsäuregel	Mohshärte 6

OPAL

Opal besteht aus festem Kieselgel, das normalerweise 5–10 % Wasser enthält. Opale sind also im Gegensatz zu den meisten Schmucksteinen nicht kristallin und können mit der Zeit austrocknen und brechen. Man unterscheidet zwei Varietäten: Den Edelopal, der beim Drehen des Steines prächtiges Farbenspiel (Opalisieren) erkennen läßt, und den Gemeinen Opal, der meist opak ist und nicht schillert. Die Opaleszenz des Edelopals beruht auf der Struktur des Steins – regelmäßig gelagerten, winzigen Cristobalit-Kugeln, die Reflexionserscheinungen bewirken. Je größer die Kugeln, desto breiter das Farbspektrum. Edelopale treten in vielen Farbvarianten auf.

• **Vorkommen:** Opal entsteht in Hohlräumen in Sedimentgesteinen oder in Adern vulkanischen Gesteins. Er bildet Stalagmiten und Stalagtiten und ersetzt bei Versteinerungen (Holz, Perlmutt und Horn) das organische Material. Seit dem 19. Jahrhundert gilt Australien als bedeutendste Fundstelle. Weitere Vorkommen in Tschechien, den USA, Brasilien, Mexiko und Südafrika.

• **Hinweis:** Imitate sind aus Slocum-Stein (einem künstlichen Stein) oder Gilson-Imitate (1973 im Labor entwickelt).

SCHWARZER EDELOPAL

SCHWARZER EDELOPAL IN MATRIX

FEUEROPAL BRILLANTSCHLIFF

OPAL IN MATRIX

FEUEROPAL-RING

Dieser durchsichtige Feueropal wurde als Achteck geschliffen und in eine goldene Ringfassung gesetzt.

SG 2,10	BI 1,37–1,47	DI Kein	Glanz Glasglanz

POLIERTER EDELOPAL

MATRIX-OPAL

OPALISIERTES FOSSIL

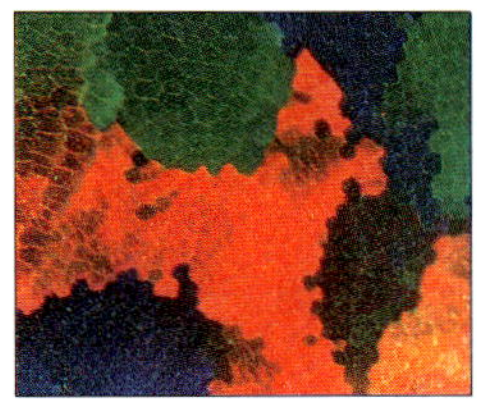

In Vergrößerung wird die Mosaikstruktur des Gilson-Imitats deutlich.

WEISSER OPAL

Trotz seiner Empfindlichkeit ist der Edelopal ein beliebter Schmuckstein für Ringe.

OPALE UND PERLEN

Dieses kostbare Goldkreuz, das an einer Kette getragen wird, ist mit fünf Edelopalen im Cabochonschliff und zwei Perlen besetzt.

GILSON-OPALIMITAT

SLOCUM-STEIN

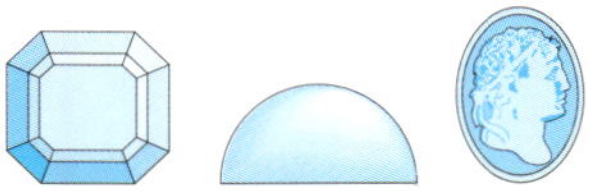

Treppenschliff Cabochon Kamee

Kristallstruktur Amorph	Zusammensetzung Vorwiegend Siliciumdioxid	Mohshärte 5

OBSIDIAN

Obsidian ist natürliches Glas. Er entsteht, wenn vulkanische Lava zu schnell abkühlt, um erkennbare Kristalle zu bilden. Daher ist Obsidian amorph und weist keine Spaltbarkeit auf. Obsidian bricht muschelig und ist meist schwarz, doch findet man auch braune, graue sowie – sehr selten – rote, blaue und grüne Steine, die einfarbig, aber auch gestreift oder gesprenkelt sein können. Manche Einschlüsse verleihen dem Obsidian metallischen Schimmer, während Gas- oder Kristalleinlagerungen sog. »Schneeflocken«-Effekt bewirken.

• **Vorkommen:** Obsidian findet man in Gegenden mit vulkanischer Vergangenheit wie etwa Hawaii (USA), Japan und Java. Weitere Fundstellen sind Island, Ungarn, die Liparischen Inseln, die GUS, Mexiko, Ecuador und Guatemala. Dunkle Stücke aus Arizona und New Mexico (USA) heißen »Apachentränen«.

• **Hinweis:** Schon in prähistorischer Zeit wurden aus Obsidian Werkzeuge, Waffen, Masken, Spiegel und Schmuck gefertigt. Die äußerst scharfen Bruchkanten wurden zu Messerklingen, Speerspitzen und Beilen verarbeitet. Moderner Obsidian-Schmuck stammt meist aus Mittelamerika.

OBSIDIAN-CABOCHON

POLIERTE OBSIDIAN-SCHEIBE

»APACHENTRÄNEN«

OBSIDIAN-ROHSTÜCK

Cabochon

Tafelschliff

SG 2,35	BI 1,48–1,51	DI Kein	Glanz Glasglanz

Kristallstruktur Amorph	Zusammensetzung Vorwiegend Siliciumdioxid	Mohshärte 5

TEKTIT

Die ersten Tektite wurden 1787 in der Moldau entdeckt und deshalb Moldavit genannt. Seither hat man auch an anderen Orten viele andere Farbvarietäten dieses natürlichen Glases gefunden. Tektite sind normalerweise durchscheinend und zeigen dunkelgrüne bis braune Färbung. Die Oberfläche ist meist uneben, narbig oder zerklüftet. Tektite enthalten keine kristallinen Einlagerungen wie Obsidian (links), zeigen aber manchmal charakteristische runde oder torpedoförmige Blasen oder sirupartige Wirbel.

• **Vorkommen:** Grünen, durchsichtigen Tektit findet man nur in der Moldau. Tektite aus Thailand werden zu kunstgewerblichen Gegenständen verarbeitet, Amuletten, die das Böse abwehren sollen.

• **Hinweis:** Viele Theorien versuchen den rätselhaften Ursprung der Tektite zu erklären. Einer These zufolge handelt es sich um kleine Meteorite, die beim Eintritt in die Atmosphäre schmolzen, einer anderen nach ließ der Einschlag eines großen Meteoriten das umliegende Gestein schmelzen, das dann in dieser merkwürdigen Form erkaltete.

Brauner, halb durchscheinender Stein

Dunkle Steine werden kaum facettiert

OVAL

Tellerform, entstanden beim Erkalten geschmolzenen Glases

TEKTIT-ROHSTÜCK

Oberfläche mit Abkühlungsrissen

Die Varietäten werden nach ihrem Fundort benannt

AUSTRALIT-ROHSTÜCK

Wegen seiner grünen Farbe wird der Stein oft mit einem Diopsid verwechselt

Grüne, transparente Steine eignen sich am besten zum Schliff

MOLDAVIT ANTIKSCHLIFF

Stark zerklüftete Oberfläche

Durchscheinend und teilweise durchsichtig

MOLDAVIT-ROHSTÜCK

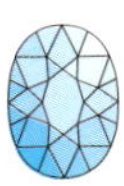

Brillantschliff

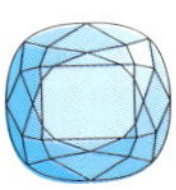

Ceylonschliff

Kugel

SG 2,40	BI 1,48–1,51	DI Kein	Glanz Glasglanz

Kristallstruktur Orthorhombisch	Zusammensetzung Perlmutter	Mohshärte 3

PERLE

Perlen bilden sich in Schalenweichtieren – besonders Austern – zum Schutz gegen Fremdkörper wie zum Beispiel Sandkörner. Die Muschel umgibt den Fremdkörper mit vielen, durch Konchiolin verbundenen Schichten Aragonit – dem Perlmutter – und baut dadurch die Perle auf. Diese einander überlappenden Schichten zeigen den charakteristischen irisierenden Perlglanz, auch Lüster oder Orient genannt. Für Zuchtperlen wird ein vorbereiteter Perlkern in die Muschel eingelegt, den das Tier dann durch Perlmutterausscheidungen wachsen läßt. Perlen gibt es reinweiß, mit leichter, häufig rosiger Tönung, aber auch in Braun und Schwarz – die Farbe hängt von Schalenweichtierart und Wasser ab. Perlen sind empfindlich gegen Säure, Trockenheit und Nässe und deshalb weniger haltbar als die meisten anderen Schmucksteine.

• **Vorkommen:** Seit Jahrtausenden holen Perlentaucher Naturperlen aus dem Persischen Golf, dem Golf von Manaar (Indischer Ozean) und dem Roten Meer. Von den Küsten Polynesiens und Australiens kommen vorwiegend Zuchtperlen. In China und Japan werden sowohl Süß- als auch Salzwasserperlen gezüchtet. Süßwasserperlen findet man auch in Flüssen in Schottland, Frankreich, Irland, Österreich, Deutschland und im Mississippi (USA).

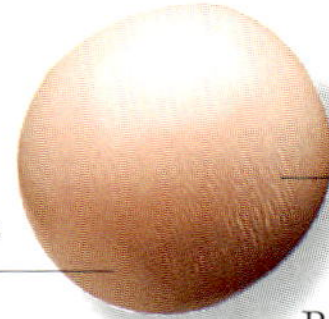

Perle von Strombus gigas

Die Wirkung der Perle beruht auf Farbe und Glanz

ROSA NATURPERLE

Perle von Tridacna gigas

WEISSE NATURPERLE

Ziegelfarbe durch Anbindung an die Schale

Liegt der Fremdkörper nicht an, bilden sich Kugeln

Rosa Schimmer

SÜSSWASSER-NATURPERLEN

Liegt der Fremdköper an der Schale, entstehen interessante Formen

Schillernder Perlglanz

SÜSSWASSER-NATURPERLEN

Schale der Perlmuschel (Pinctada maxima)

Weiße Naturperle

Innenschicht aus Perlmutter

NATURPERLE IN AUSTERNSCHALE

SG 2,71	BI 1,53–1,68	DI –	Glanz Perlglanz

Ein »Bombay-Bunch«

Seit Jahrhunderten ist Bombay bedeutender Umschlagplatz für Perlen. Um diese möglichst vorteilhaft zu präsentieren, sortiert der Verkäufer die Perlen nach Größe und reiht sie zu sogenannten »Bunches« auf.

Die Perlen sind nach Größe sortiert auf Seidenfäden aufgezogen

Silberdraht-Quasten

Perl-Buddhas, gebildet über Formen, die an der Muschelschale befestigt wurden

Buddha-Perlen

Für diese Miniatur-Buddhas wurden winzige Formen in die Schale einer Perlmuschel *(Christaria plicata)* eingelegt. Die Muschel baute darüber Schichten aus Perlmutter. Die »Perlen« werden später entfernt und auf der Rückseite mit Perlmutter belegt.

Japanische Zucht

Für diese Kette eines japanischen Unternehmens wurden gezüchtete Salzwasserperlen aufgereiht. Japan steht an erster Stelle der Weltproduktion von Zuchtperlen

Zuchtperlen weisen den gleichen Glanz auf wie natürlich gewachsene Exemplare

Kugel

Kristallstruktur Amorph	Zusammensetzung Pechkohle	Mohshärte 2,5

GAGAT (JETT)

Gagat ist organischen Ursprungs. Wie Kohle entstand er aus den Überresten von Baumstämmen, die jahrmillionenlang unter Wasser lagerten und unter Luftabschluß und hohem Druck fossilierten. Gagat ist schwarz oder dunkelbraun und kann Pyriteinschlüsse enthalten, die ihm dann Messingschimmer und metallischen Glanz verleihen. Gagat läßt sich gut schleifen und facettieren. Beim Verbrennen oder der Berührung mit einer heißen Nadel riecht er nach Kohle.

• **Vorkommen:** Vermutlich wurde Gagat schon um 1400 v. Chr. abgebaut und bearbeitet, da man in prähistorischen Gräbern Gagat-Objekte fand. Während der römischen Besetzung Britanniens kam Gagat nach Rom. Bekanntester historischer Fundort dürfte Whitby in Yorkshire, England, sein, wo der größte Teil des im 19. Jahrhunderts so beliebten Trauerschmucks gefertigt wurde. Weitere Lagerstätten findet man in Spanien, Frankreich, Deutschland, Polen, Indien, der Türkei, der GUS, China und den USA.

• **Hinweis:** Aufgrund seiner dunklen Farbe war Gagat im 19. Jahrhundert als Material für Trauerschmuck sehr geschätzt. Seit langem dient er auch zur Herstellung von Rosenkränzen. Gagat kann – genau wie Bernstein – durch Reiben elektrisch aufgeladen werden. Zu Pulver zermahlen und in Wasser oder Wein getrunken, so glaubten unsere Vorfahren, soll er heilsame Kräfte entwickeln

Als organischer Stoff kann Gagat austrocknen und Risse bilden.

Schmucksteine aus Gagat lassen sich gut schleifen

Opak mit Seidenglanz

OVALER CABOCHON

Konvexe Oberfläche Unterseite

Facetten bringen Leben in einen stumpfen Stein

ROSENSCHLIFF

Dreieckige Facetten

Oberflächenrisse durch Austrocknen

GEFORMTE UND FACETTIERTE KUGEL

Feinkörniges, brüchiges Exemplar mit rissiger Oberfläche

Stumpfe Oberfläche vor dem Polieren

SG 1,33	BI 1,64–1,68	DI –	Glanz Seiden- bis Wachsglanz

SCHWARZE ROSE
Dieses kunstvolle Stück Gagat aus Whitby entstand gegen Ende des 19. Jahrhunderts.

VIKTORIANISCHER OHRSCHMUCK
Gagat ist leicht und eignet sich deshalb hervorragend für Ohrringe. Im viktorianischen England galt er als bevorzugter Trauerschmuck.

GAGAT MIT FOSSILIEN
Die im Gagat versteinerten Ammoniten und Muscheln zeugen von organischem Ursprung.

GAGAT-ANHÄNGER
So gut läßt sich Gagat schneiden und schleifen.

TÜRKISCHE KETTE
Für diese Halskette aus der Osttürkei wurden geschliffene und polierte Gagatkugeln aufgereiht.

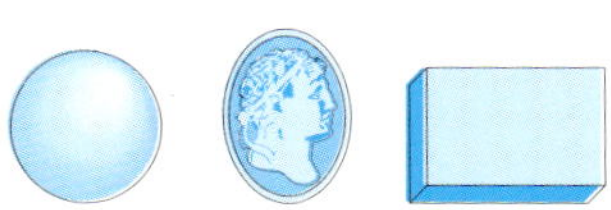

Kristallstruktur Trigonal	Zusammensetzung Calciumcarbonat oder Konchiolin	Mohshärte 3

KORALLE

Korallen sind die skelettartigen Überreste winzig kleiner mariner Lebewesen. Diese Korallenpolypen leben in Kolonien und bauen während ihres Wachstums Stöcke auf, die im Laufe der Jahrtausende zu Riffen und ganzen Atollen anwachsen. An der Oberfläche zeigen die Korallen-»Äste« die charakteristische Struktur des ursprünglichen Skeletts, entweder gestreift oder gemasert wie Holz. Die meisten Korallen – rote, rosa, weiße und blaue Varietäten – bestehen aus Calciumcarbonat, schwarze und goldene Korallen aber aus einer hornartigen organischen Substanz, dem Konchiolin. Am begehrtesten ist rote Koralle, die seit Jahrtausenden als Schmuck dient. Im Rohzustand matt, erhält Koralle poliert schönen Glasglanz, ist aber empfindlich gegen Hitze und Säure und kann mit der Zeit verblassen. Korallenimitate bestehen aus Porzellan, Glas oder Kunststoff.

• **Vorkommen:** Edelkorallen wachsen in warmen Gewässern. Japan bringt rote, rosa und weiße Korallen hervor, rot und rosa gibt es sie auch im Mittelmeer, im Roten Meer und vor Malaysia. Schwarze und goldene Korallen findet man vor den Küsten der Westindischen Inseln, Australiens und der Pazifikinseln.

• **Hinweis:** Die Korallenbänke sind heute sehr gefährdet, so daß umweltbewußte Menschen auf den Kauf von Korallenschmuck verzichten.

ROTE KORALLE CABOCHON

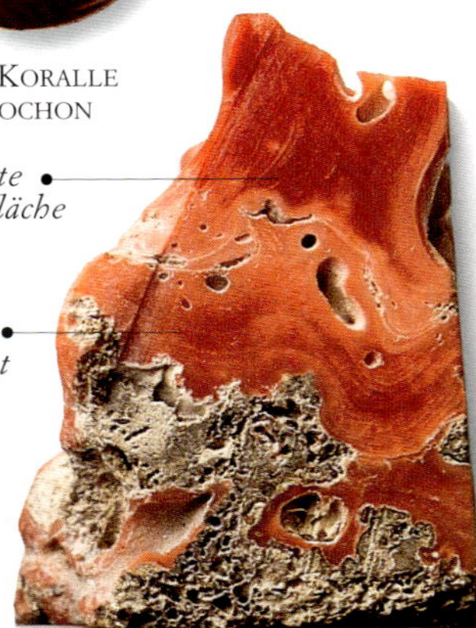

ROTE KORALLE SCHNITT

ROTE KORALLE

KORALLEN-RELIEF

Dieses fein bearbeitete Stück rote Koralle aus dem Mittelmeer zeigt einen Affen beim Erklettern eines blühenden Baumes.

SG 2,68	BI 1,49–1,66	DI –	Glanz Matt bis Glasganz

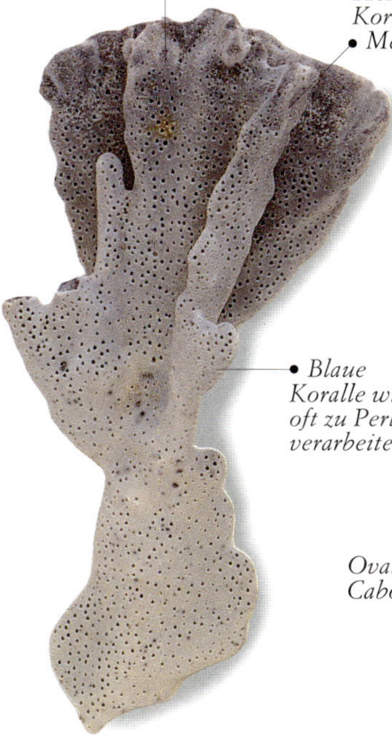

BLAUE KORALLE

SCHWARZE KORALLE CABOCHON

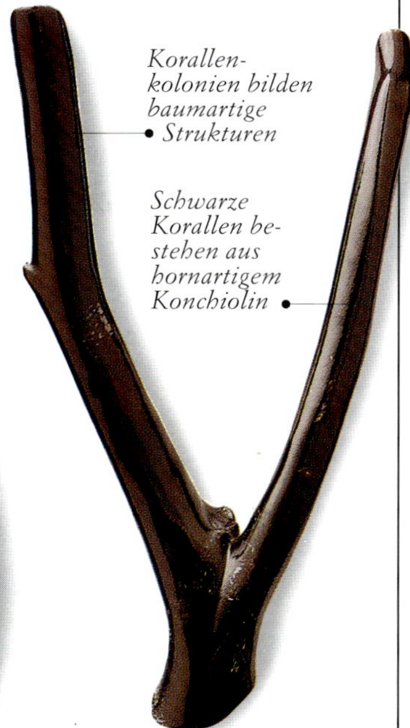

SCHWARZE KORALLE

KORALLEN-IMITAT

Diese Kugeln bestehen aus gefärbtem pflanzlichen Elfenbein. Imitate erkennt man an der vollkommen gleichmäßigen Färbung und dem Fehlen der »Holzmaserung«.

PERLE AUS KORALLENIMITAT

KORALLENIMITAT

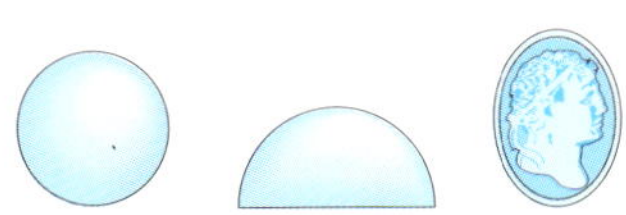

Kristallstruktur Unterschiedlich	Zusammensetzung Calciumcarbonat	Mohshärte 2,5

Perlmutt und Schildpatt

Perlmutt, das in allen möglichen Formen, Farben und Größen vorkommt, läßt sich zu Kugeln, Knöpfen, Schmuck, Messergriffen, Schnupftabaksdosen und vielerlei anderen Deko- und Gebrauchsgegenständen verarbeiten und eignet sich auch für Intarsien. Schneckenmuscheln mit einer zweilagigen, rosa-weißen Innenschicht ergeben wunderschöne Kameen – genauso wie Sturmhauben-Muscheln, deren weiße Außenschicht auf einer goldbraunen oder orangen Innenschicht liegt. Große Seeperlmuschel *(Pinctada margaritifera)*, Ohrschnecke und Kreiselschnecke (Trochida) besitzen herrlich schillernde Perlmutter-Innenschichten. Unter Schildpatt versteht man die abgelösten Hornplatten der Rücken- und Bauchschilder des Panzers der Karettschildkröte. Es zeigt eine attraktive Musterung, wird aufgrund des Artenschutzes heute aber nicht mehr gehandelt.

- **Vorkommen:** Pinctada-Austern leben vor der nordaustralischen Küste. Ohrschnecken gibt es noch in den Küstengewässern der USA und Neuseelands.
- **Hinweis:** Schildpatt darf heute nicht mehr verkauft werden, es gibt aber schöne Imitate.

Tigerschnecken-Kamee

Diese orientalische Dame ist aus der Schale einer Tigerschnecke *(Cypraea tigris)* gefertigt. Die verschiedenfarbigen Schichten wurden abgetragen, so daß ein dreidimensionaler Effekt entsteht.

Relief, entstanden durch Abtragen der Perlmuttschichten

Römische Kamee

Diese Kamee entstand aus der Muschelschale einer *Cassidae madagascarensii.*

Die prächtige rosa Innenschicht eignet sich für Einlegearbeiten

Muschel von den Sandstränden Indiens

Teufelsklauen-Schnecke

SG 1,30	BI 1,53–1,69	DI –	Glanz Matt bis Glasglanz

KÄSTCHEN
Ober- und Unterteil dieses Kästchens zeigen die charakteristische Färbung und Musterung von Schildpatt. Einige helle Stellen wirken durchsichtig.

In der Vergrößerung zeigt natürliches Schildpatt typische Punktierung.

STECKKAMM
An diesem Schildpatt-Kamm erkennt man die Hell-Dunkel-Zeichnung des Schildkrötenpanzers.

SCHILDPATT (RÜCKENSCHILD EINER KARETTSCHILDKRÖTE)

PERLMUTT-MUSCHELSCHALE

PERLMUTT-PILLENDOSE
Der Deckel dieser Pillendose erhielt eine Beschichtung aus schillernden Perlmutter.

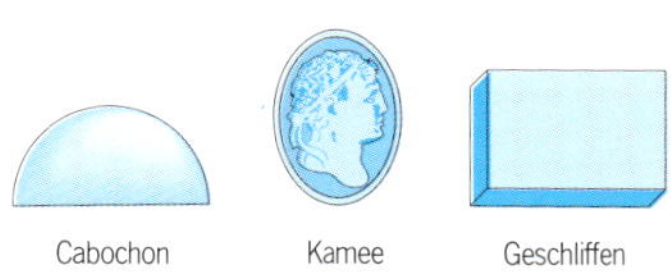

Kristallstruktur Amorph	Zusammensetzung Organische Materialien	Mohshärte 2,5

ELFENBEIN

Elfenbein wird seit Jahrtausenden wegen seiner warmen, cremigen Farbe, seiner feinen Struktur und der guten Bearbeitbarkeit geschätzt. Bis vor kurzem wurden daraus sowohl Schmuck als auch Kunstgegenstände gefertigt. Inzwischen aber hilft ein internationales Handelsverbot, die Tiere zu schützen, die sonst dafür ihr Leben lassen müßten. Nicht nur die Stoßzähne des Elefanten, sondern auch die Zähne oder Stoßzähne von Nilpferd, Wild- und Warzenschwein, Meeressäugern wie Pottwal, Walroß, Seelöwe und Narwal werden als Elfenbein bezeichnet. Fossiles Elfenbein – von prähistorischen Tieren wie Mammut, Mastodon oder Dinosaurier – läßt sich ebenfalls bearbeiten.

• **Vorkommen:** Besonders schönes Elfenbein stammt von Afrikanischen Elefanten. Es zeigt ein warmes Weiß und feine Maserung oder Sprenkelung. Elfenbein von Indischen Elefanten ist heller, weicher und leichter zu verarbeiten, vergilbt aber schneller.

• **Hinweis:** Um die teilweise von der Ausrottung bedrohten Lieferanten natürlichen Elfenbeins zu schützen, kommen zunehmend Imitate auf den Markt. Die Kunst des Elfenbeinschnitzens blickt auf eine lange Geschichte zurück. In Frankreich fand man ein bearbeitetes Stück Mammut-Elfenbein, dessen Alter auf 30 000 Jahre geschätzt wird.

INDISCHES ELFENBEIN

Diese wunderbar fein geschnittene Szene entstand vermutlich aus dem Stoßzahn eines Indischen Elefanten.

AFRIKANISCHES ELFENBEIN

Ein halbes Jahrtausend vor Christi Geburt wurde dieser Kopf eines Römers aus afrikanischem Elfenbein geschnitzt.

ELFENBEIN-SCHALE

Diese Schale zeigt die kreuzweise verlaufende Maserung des Elefanten-Elfenbeins.

POLIERTER SCHNITT EINES ELEFANTENZAHNS

SG 1,90	BI 1,53–1,54	DI –	Glanz Matt bis Fettglanz

DURCHBOHRTES BEIN

Verschiedene Beinarten können als Elfenbeinimitat verwendet werden. Die beiden Knöpfe zeigen kunstvolles Schnitzwerk.

ABSCHNITT VOM HAUER EINES NILPFERDS

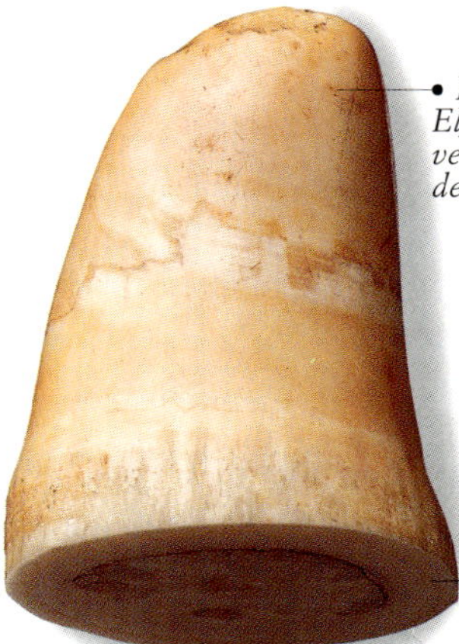

TEIL EINES WALZAHNES

WALROSS-ELFENBEIN

Diese Kette besteht aus gefärbtem Walroß-Elfenbein, das mit seiner porösen Oberfläche die Farbe gut annimmt.

PFLANZLICHES ELFENBEIN

Diese Kugelkette besteht aus pflanzlichem Elfenbein, das als Korallenimitat künstlich gefärbt wurde – im Sinne des Naturschutzes.

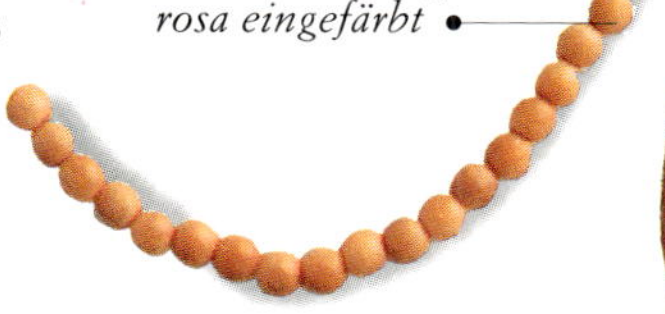

PFLANZENELFENBEIN IN DER SCHALE

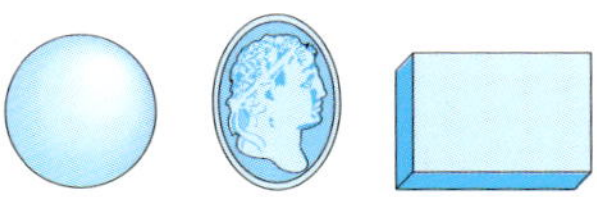

Kugel Kamee Tafelschliff

Kristallstruktur Amorph	Zusammensetzung Verschiedene Harze	Mohshärte 2,5

BERNSTEIN

Bernstein ist fossiles Baumharz. Meist zeigt es goldgelbe bis goldorange Farbe, doch wurden auch grüne, rote, violette und schwarze Stücke gefunden. Durchsichtig bis durchscheinend, tritt es meist in kleinen, ungleichmäßig geformten Steinen oder Brocken auf, deren Oberfläche häufig eine Verwitterungskruste trägt. Bernstein kann eingeschlossene Insekten (selten auch ganze Frösche, Kröten oder Eidechsen), Moos- oder Flechtenteilchen oder Kiefernnadeln enthalten, die sich vor Jahrmillionen in dem damals noch klebrigen Harz verfingen. Luftblasen geben Bernstein ein wolkiges Aussehen, das bei Erwärmung in Öl jedoch verschwindet. Reibt man Bernstein, lädt er sich elektrisch auf. Preßbernstein, der durch Erhitzung aus Abfallresten entsteht, wird Ambroid genannt.

• **Vorkommen:** Die berühmtesten Fundstellen liegen im Baltikum, aber auch an anderen Ostseeküsten. Bernstein aus Birma heißt Birmit, Steine aus Sizilien Simetit. Weitere Fundorte sind die Dominikanische Republik, Mexiko, Frankreich, Spanien, Italien, Deutschland, Rumänien, Kanada und die USA.

• **Hinweis:** Bernstein ist brennbar, daher der Name (frühniederdeutsch »Brennstein«). Er diente schon in der Steinzeit als Schmuck, später wurden ihm Heilkräfte zugesprochen. Imitate bestehen aus Kunststoff oder Glas.

POLIERTE PERLEN

POLIERTE PERLE

TEILPOLIERTES BERNSTEINSTÜCK

ROHSTÜCK AUS DEM BALTIKUM

SG 1,08	BI 1,54–1,55	DI Nicht anwendbar	Glanz Harzglanz

RÖMISCHE PERLE AUS DEM SCHLAMM EINES ENGLISCHEN FLUSSES

FLIEGE IN BERNSTEIN

AMBROID-QUADRAT

BERNSTEIN-KETTE

Einige der 31 durchbohrten, geschliffenen Bernsteinkugeln dieser Kette weisen Zeichen von Dehydration auf

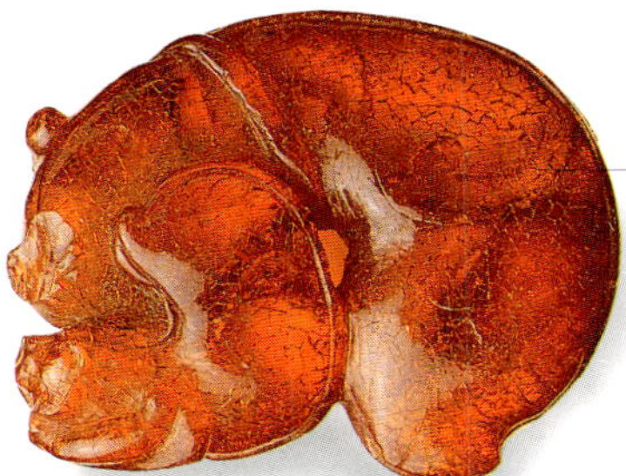

BERNSTEIN-PANDA

Dieses Bernsteinstück aus China erhielt die Form eines Pandabären. Durch Austrocknung wurde die Oberfläche rissig.

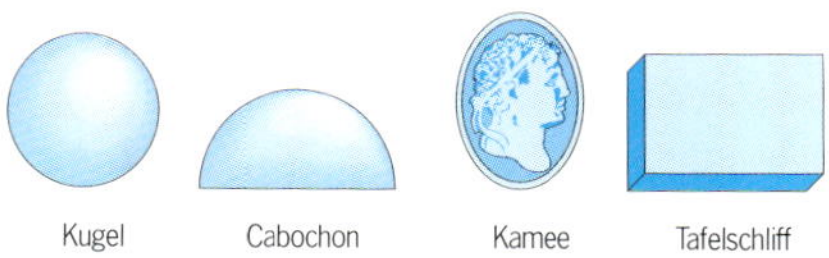

Eigenschaften der Schmucksteine

In dieser Tabelle sind die wesentlichen technischen Informationen zu den verschiedenen Schmucksteinarten zusammengefaßt, um dem Leser den Überblick über die physikalischen und optischen Eigenschaften zu erleichtern.
Unter dem Namen des Schmucksteins steht dessen chemische Zusammensetzung (als Formel), die freilich bei manchen Varietäten leicht abweichen kann. Es folgen Kristallstruktur und die physikalischen Eigenschaften – Härte und Spezifisches Gewicht –, bei denen Mittelwerte genannt sind. Die Härte wird durch die Mohs-Skala definiert, ein System, das die relative Ritzhärte der Minerale mit Ziffern bezeichnet. Die Intervalle zwischen den Einzelwerten schwanken beträchtlich, und Zwischenwerte wie 3,5 bedeuten nur, daß der Wert zwischen 3 und 4, nicht jedoch genau in der Mitte liegt. Da die Härte von der chemischen Zusammensetzung abhängt, sind auch hier Mittelwerte angegeben. Das Spezifische Gewicht gibt einen Hinweis auf die Dichte des Schmucksteins (auch hier Mittelwerte). Die optischen Eigenschaften eines Steins sind durch den Brechungsindex (BI) und den Doppelbrechungsindex (DI) beschrieben. Sie hängen mit der Kristallstruktur zusammen: Schmucksteine mit kubischer Struktur haben nur einen Wert als Brechungsindex (BI), doppelbrechende Steine dagegen zwei (siehe S. 21) und darüber hinaus auch einen Doppelbrechungsindex (DI). Diese Zahl nennt die Differenz zwischen dem höchsten und dem niedrigsten Brechungsindex. Da beständig neue Erkenntnisse über die physikalischen und optischen Eigenschaften der Steine gewonnen werden, sind die hier genannten Zahlen immer als Mittelwerte anzusehen und dazu gedacht, Ihnen einen informativen Vergleich zu ermöglichen.

Die in diesem Buch genannten chemischen Elemente

Al	Aluminium	Mg	Magnesium
Ag	Silber	Mn	Mangan
Au	Gold	Na	Natrium
B	Bor	O	Sauerstoff
Ba	Barium	P	Phosphor
Be	Beryllium	Pb	Blei
C	Kohlenstoff	Pt	Platin
Ca	Calcium	S	Schwefel
Cl	Chlor	Si	Silicium
Cr	Chrom	Sn	Zinn
Cu	Kupfer	Sr	Strontium
F	Fluor	Ti	Titan
Fe	Eisen	W	Wolfram
H	Wasserstoff	Zn	Zink
K	Kalium	Zr	Zirkonium
Li	Lithium		

Name und chemische Zusammensetzung	Struktur	Härte	SG	BI	DI
Achroit (Turmalin) $Na(Li,Al)_3Al_6(BO_3)_3Si_6O_{18}(OH)_4$	Trigonal	7,5	3,06	1,62–1,64	0,018
Achat (Chalcedon) SiO_2	Trigonal	7	2,61	1,53–1,54	0,004
Albit $(Na,Ca)AlSi_3O_8$	Triklin	6	2,64	1,54–1,55	0,009
Almandin (Granat) $Fe_3Al_2(SiO_4)_3$	Kubisch	7,5	4,00	1,76–1,83	–
Bergkristall (Quarz) SiO_2	Trigonal	7	2,65	1,54–1,55	0,009

NAME UND CHEMISCHE ZUSAMMENSETZUNG	STRUKTUR	HÄRTE	SG	BI	DI
AMBLYGONIT $LiAl(F,OH)PO_4$	Triklin	6	3,02	1,57–1,60	0,026
AMETHYST (QUARZ) SiO_2	Trigonal	7	2,65	1,54–1,55	0,009
ANDALUSIT Al_2SiO_5	Orthorhombisch	7,5	3,16	1,63–1,64	0,010
ANDRADIT (GRANAT) $Ca_3Fe_2(SiO_4)_3$	Kubisch	6,5	3,85	1,85–1,89	–
ANGLESIT $PbSO_4$	Orthorhombisch	3	6,35	1,87–1,89	0,017
APATIT $Ca(F,Cl)Ca_4(PO_4)_3$	Hexagonal	5	3,20	1,63–1,64	0,003
AQUAMARIN (BERYLL) $Be_3Al_2(SiO_3)_6$	Hexagonal	7,5	2,69	1,57–1,58	0,006
ARAGONIT $CaCO_3$	Orthorhombisch	3,5	2,94	1,53–1,68	0,155
AVENTURIN (QUARZ) SiO_2	Trigonal	7	2,65	1,54–1,55	0,009
AXINIT $CaFeMgBAl_2Si_4O_{15}(OH)$	Triklin	7	3,28	1,67–1,70	0,011
AZURIT $Cu_3(OH)_2(CO_3)_2$	Monoklin	3,5	3,77	1,73–1,84	0,110
BARYT $BaSO_4$	Orthorhombisch	3	4,45	1,63–1,65	0,012
BENITOIT $BaTiSi_3O_9$	Hexagonal	6,5	3,67	1,76–1,80	0,047
BERNSTEIN hauptsächlich $C_{10}H_{16}O$	Amorph	2,5	1,08	1,54–1,55	N/A
BERYLLONIT $NaBePO_4$	Monoklin	5,5	2,83	1,55–1,56	0,009
BRASILIANIT $Al_3Na(PO_4)_2(OH)_4$	Monoklin	5,5	2,99	1,60–1,62	0,021
CALCIT $CaCO_3$	Trigonal	3	2,71	1,48–1,66	0,172
CASSITERIT (ZINNSTEIN) SnO_2	Tetragonal	6,5	6,95	2,00–2,10	0,100
CERUSSIT $PbCO_3$	Orthorhombisch	3,5	6,51	1,80–2,08	0,274
CHALCEDON SiO_2	Trigonal	7	2,61	1,53–1,54	0,004
CHRYSOBERYLL $BeAl_2O_4$	Trigonal	7	2,65	1,54–1,55	0,009
CHRYSOKOLL $(Cu,Al)_2H_2Si_2O_5(OH)_4{,}nH_2O$	Monoklin	2	2,20	1,57–1,63	0,030
CHRYSOPRAS (CHALCEDON) SiO_2	Trigonal	7	2,61	1,53–1,54	0,004
CITRIN (QUARZ) SiO_2	Trigonal	7	2,65	1,54–1,55	0,009
CÖLESTIN $SrSO_4$	Orthorhombisch	3.5	3,98	162–1,63	1,010

NAME UND CHEMISCHE ZUSAMMENSETZUNG	Struktur	HÄRTE	SG	BI	DI
DANBURIT $CaB_2(SiO_4)_2$	Orthorhombisch	7	3	1,63–1,64	0,006
DATOLITH $Ca(B,OH)SiO_4$	Monoklin	5	3,00	1,63–1,64	0,006
DIAMANT C	Kubisch	10	2,95	1,62–1,65	0,044
DIOPSID $CaMg(SiO_3)_2$	Monoklin	5,5	3,52	2,42	–
DIOPTAS $CuOSiO_2H_2O$	Trigonal	5	3,29	1,66–1,72	0,029
DOLOMIT $CaMg(CO_3)_2$	Trigonal	3,5	3,31	1,67–1,72	0,053
DRAVIT (TURMALIN) $NaMg_3Al_6(BO_3)_3Si_6O_{18}(OH)_4$	Trigonal	7,5	2,85	1,50–1,68	0,179
DUMORTIERIT $Al_7(BO_3)(SiO_4)_3O_3$	Orthorhombisch	7	3,06	1,61–1,63	0,018
ELFENBEIN $Ca_5(PO_4)_3(OH)$ und organisches Material	Amorph	2,5	3,28	1,69–1,72	0,037
ENSTATIT $Mg_2Si_2O_6$	Orthorhombisch	7,5	1,90	1,53–1,54	N/A
EPIDOT $Ca_2(Al,Fe)_3(OH)(SiO_4)_3$	Monoklin	6,5	3,27	1,66–1,67	0,010
EUKLAS $Be(Al,OH)SiO_4$	Monoklin	7,5	3,40	1,74–1,78	0,035
FEUERACHAT (CHALCEDON) SiO_2	Trigonal	7	3,10	1,65–1,67	0,019
FLUORIT CaF_2	Kubisch	4	2,61	1,53–1,54	0,004
GAGAT Pechkohle	Amorph	2,5	3,18	1,43	–
GIPSSTEIN $CaSO_4,2H_2O$	Monoklin	2	1,33	1,64–1,68	N/A
GOLD Au	Kubisch	2,5	2.32	1,52–1,53	0,010
GOSHENIT (BERYLL) $Be_3Al_2(SiO_3)_6$	Hexagonal	7,5	19,30	–	–
GROSSULAR (GRANAT) $Ca_3Al_2(SiO_4)_3$	Kubisch	7	2,80	1,58–1,59	0,008
HÄMATIT Fe_2O_3	Trigonal	6,5	3,49	1,69–1,73	–
HAMBERGIT $Be_2(OH)BO_3$	Orthorhombisch	7,5	5,20	2,94–3,22	0,280
HAUYNIT $(Na,Ca)_{4-8}Al_6Si_6(O,S)_{24}(SO_4Cl)_{1-2}$	Kubisch	6	2,35	1,55–1,63	0,072
HELIODOR (BERYLL) $Be_3Al_2(SiO_3)_6$	Hexagonal	7,5	2,40	1,50	–
HELIOTROP (CHALCEDON) SiO_2	Trigonal	7	2,61	1,53–1,54	0,004
HESSONIT (GROSSULAR-GRANAT) $Ca_3Al_2(SiO_4)_3$	Kubisch	7,25	2,61	1,53–1,54	0,004

NAME & CHEMISCHE ZUSAMMENSETZUNG	STRUKTUR	HÄRTE	SG	BI	DI
HOWLITH $C_2B_5SiO_9(OH)_5$	Monoklin	3,5	2,58	1,58–1,59	0,022
HYPERSTHEN $(Fe,Mg)SiO_3$	Orthorhombisch	5,5	3,35	1,65– 1,67	0,010
INDIGOLITH (TURMALIN) $Na(Li,Al)_3Al_6(BO_3)_3Si_6O_{18}(OH)_4$	Trigonal	7,5	3,06	1,62–1,64	0,018
IOLITH (CORDIERIT) $Mg_2Al_4Si_5O_{18}$	Orthorhombisch	7	2,63	1,53–1,55	0,010
JADEIT (JADE) $Na(Al,Fe)Si_2O_6$	Monoklin	7	3,33	1,66–1,68	0,012
JASPIS (CHALCEDON) SiO_2	Trigonal	7	2,61	1,53–1,54	0,004
KARNEOL (CHALCEDON) SiO_2	Trigonal	7	2,61	1,53–1,54	0,004
KORALLE $CaCO_3$ (or $C_3H_{48}N_9O_{11}$)	Trigonal	3	2,68	1,49–1,66	N/A
KORNERUPIN $Mg_4(Al,Fe)_6(Si,B)_4O_{21}(OH)$	Orthorhombisch	6,5	3,32	1,66–1,68	0,013
KYANIT Al_2SiO_5	Triklin	5 oder 7	3,68	1,71–1,73	0,017
LABRADORIT $(Na,Ca)(Al,Si)_4O_8$	Triklin	6	2,70	1,56–1,57	0,010
LAPISLAZULI (LASURIT) $(Na,Ca)_8(Al,Si)_{12}O_{24}(SO_4)Cl_2(OH)_2$	Unterschiedl.	5,5	2,80	1,50 (im Mittel)	–
LAZULITH $MgAl_2(PO_4)_2(OH)_2$	Monoklin	5,5	3,10	1,61–1,64	0,031
MALACHIT $Cu_2(OH)_2CO_3$	Monoklin	4	3,80	1,85 (im Mittel)	0,025
MEERSCHAUM $Mg_4Si_6O_{15}(OH)_2,6H_2O$	Monoklin	2,5	1,50	1,51–1,53	–
MIKROKLIN $KAlSi_3O_8$	Triklin	6	2,56	1,52–1,53	0,008
MILCHQUARZ SiO_2	Trigonal	7	2,65	1,54–1,55	0,009
MONDSTEIN (ORTHOKLAS) $KAlSi_3O_8$	Monoklin	6	2,57	1,52–1,53	0,005
MORGANIT (BERYLL) $Be_3Al_2(SiO_3)_6$	Hexagonal	7,5	2,80	1,58–1,59	0,008
NEPHRIT (JADE) $Ca_2(Mg,Fe)_5Si_3O_{22}(OH)_2$	Monoklin	6,5	2,96	1,61–1,63	0,027
OBSIDIAN Hauptsächlich SiO_2	Amorph	5	2,35	1,48–1,51	–
OLIGOKLAS $(Na,Ca)(Al,Si)_4O_8$	Triklin	6	2,64	1,54–1,55	0,007
ONYX SiO_2	Trigonal	7	2,61	1,53–1,54	0,004
OPAL SiO_2,nH_2O	Amorph	6	2,10	1,37–1,47	–
ORTHOKLAS $KAlSi_3O_8$	Monoklin	6	2,56	1,51–1,54	0,005

NAME & CHEMISCHE ZUSAMMENSETZUNG	STRUKTUR	HÄRTE	SG	BI	DI
PADPARADSCHA (KORUND) Al_2O_3	Trigonal	9	4,00	1,76–1,77	0,008
PERIDOT $(Mg,Fe)_2SiO_4$	Orthorhombisch	6,5	3,34	1,64–1,69	0.036
PERLE $CaCO_3,C_3H_{18}N_9O_{11},nH_2O$	Orthorhombisch	3	2,71	1,53–1,68	N/A
PETALIT $Li_2OAl_2O_38SiO_2$	Monoklin	6	2,42	1,50–1,51	0,014
PHENAKIT Be_2SiO_4	Trigonal	7,5	2,96	1,65–1,67	0,015
PHOSPHOPHYLLIT $Zn_2(Fe,Mn)(PO_4)_2,4H_2O$	Monoklin	3,5	3,10	1,59–1,62	0,021
PLASMA (CHALCEDON) SiO_2	Trigonal	7	2,61	1,53–1,54	0,004
PLATIN Pt	Kubisch	4	21,40	–	–
PRASEM (CHALCEDON) SiO_2	Trigonal	7	2,61	1,53–1,54	0,004
PREHNIT $Ca_2Al_2Si_3O_{10}(OH)_2$	Orthorhombisch	6	2,87	1,61–1,64	0,016
PYRIT FeS_2	Kubisch	6	4,90	–	–
PYROP (GRANAT) $Mg_3Al_2(SiO_4)_3$	Kubisch	7,25	3,80	1,72–1,76	–
RAUCHQUARZ SiO_2	Trigonal	7	2,65	1,54–1,55	0,009
RHODOCHROSIT $MnCO_3$	Trigonal	4	3,60	1,60–1,80	0,220
RHODONIT $(Mn,Fe,Mg,Ca)SiO_3$	Triklin	6	3,60	1,71–1,73	0,014
ROSENQUARZ SiO_2	Trigonal	7	2,65	1,54–1,55	0,009
RUBELLIT (TURMALIN) $Na(Li,Al)_3Al_6(BO_3)_3Si_6O_{18}(OH)_4$	Trigonal	7,5	3,06	1,62–1,64	0,018
RUBIN (KORUND) Al_2O_3	Trigonal	9	4,00	1,76–1,77	0,008
RUTIL TiO_2	Tetragonal	6	4,25	2,62–2,90	0,287
SAPHIR (KORUND) Al_2O_3	Trigonal	9	4,00	1,76–1,77	0,008
SARDER SiO_2	Trigonal	7	2,61	1,53–1,54	0,004
SARD-ONYX (CHALCEDON) SiO_2	Trigonal	7	2,61	1,53–1,54	0,004
SCHEELIT $CaWO_4$	Tetragonal	5	6,10	1,92–1,93	0,017
SCHÖRL (TURMALIN) $NaFe_3Al_6(BO_3)_3Si_6O_{18}(OH)_4$	Trigonal	7,5	3,06	1,62–1,67	0,018
SERPENTIN $Mg_6(OH)_8Si_4O_{10}$	Monoklin	5	2,60	1,55–1,56	0,001

NAME & CHEMISCHE ZUSAMMENSETZUNG	STRUKTUR	HÄRTE	SG	BI	DI
SCHILDPATT (PERLMUTT) $CaCO_3$ and $C_{32}H_{48}N_2O_{11}$	Unterschiedl.	2,5	1,30	1,53–1,59	N/A
SILLIMANIT Al_2SiO_5	Orthorhombisch	7,5	3,25	1,66–1,68	0,019
SILBER Ag	Kubisch	2,5	10,50	–	–
SINHALIT $Mg(Al,Fe)BO_4$	Orthorhombisch	6,5	3,48	1,67–1,71	0,038
SKAPOLITH $Na_4Al_3Si_9O_{24}Cl$–$Ca_4Al_6Si_6O_{24}(CO_3,SO_4)$	Tetragonal	6	2,70	1,54–1,58	0.020
SMARAGD (BERYLL) $Be_3Al_2(SiO_3)_6$	Hexagonal	7,5	2,71	1,57–1,58	0,006
SMITHSONIT $ZnCO_3$	Trigonal	5	4,35	1,62–1,85	0,230
SODALIT $3NaAlSiO_4NaCl$	Kubisch	5,5	2,27	1,48 (im Mittel)	–
SPESSARTIN (GRANAT) $Mn_3Al_2(SiO_4)_3$	Kubisch	7	4,16	1,79–1,81	–
SPHALERIT (Zn,Fe)S	Kubisch	3,5	4,09	2,36–2,37	–
SPINELL $MgAl_2O_4$	Kubisch	8	3,60	1,71–1,73	–
SPODUMEN $LiAl(SiO_3)_2$	Monoklin	7	3,18	1,66–1,67	0,015
STAUROLITH $(Fe,Mg,Zn)_2Al_9(Si,Al)_4O_{22}(OH)_2$	Orthorhombisch	7	3,72	1,74–1,75	0,013
TAAFFEIT $BeMg_3Al_8O_{16}$	Hexagonal	8	3,61	1,72–1,77	0,004
TEKTIT Hauptsächlich SiO_2	Amorph	5	2,40	1,48–1,51	–
TIGERAUGE (QUARZ) SiO_2	Trigonal	7	2,65	1,54–1,55	0,009
TITANIT (SPHEN) $CaTiSiO_5$	Monoklin	5	3,53	1,84–2,03	0,120
TOPAS $Al_2(F,OH)_2SiO_4$	Orthorhombisch	8	3,54	1,62–1,63	0,010
TUGTUPIT $Na_4AlBeSi_4O_{12}Cl$	Tetragonal	6	2,40	1,49–1,50	0,006
TÜRKIS $CuAl_6(PO_4)_4(OH)_8 5H_2O$	Triklin	6	2,80	1,61–1,65	0,040
UWAROWIT (GRANAT) $Ca_3Cr_2(SiO_4)_3$	Kubisch	7,5	3,77	1,86–1,87	–
VESUVIAN $Ca_6Al(Al,OH)(SiO_4)_5$	Tetragonal	6,5	3,40	1,70–1,75	0,005
WASSERMELONE (TURMALIN) $Na(Li,Al)_3Al_6(BO_3)_3Si_6O_{18}(OH)_4$	Trigonal	7,5	3,06	1,62–1,64	0,018
ZIRKON $ZrSiO_4$	Tetragonal	7,5	4,69	1,93–1,98	0,059
ZOISIT $Ca_2(Al,OH)Al_2(SiO_4)_3$	Orthorhombisch	6,5	3,35	1,69–1,70	0,010

GLOSSAR

Allochromatisch:
Steine, die ihre Färbung farbgebenden Teilchen verdanken, ohne die sie selbst farblos wären.
Alluvialablagerungen:
Anschwemmungen an Ufern oder Küsten.
Amorph:
Ohne erkennbare Struktur; nicht kristallin.
Asterismus:
Eigenschaft verschiedener Kristalle, Licht strahlenförmig zu reflektieren (meist bedingt durch →Einschlüsse.
Brechung:
Änderung der Richtung der Lichtstrahlen beim Eintritt aus der Luft in ein anderes Medium (z.B. einen Kristall).
Brechungsindex (BI):
Das Maß der Licht-→Brechung innerhalb eines Schmucksteines.
Brillant:
Im runden Brillantschliff facettierter Diamant.
Bruch:
Bei der Spaltung eines Minerals durch einen Hammerschlag entstehen unebene Flächen, die man als Bruch bezeichnet. Viele Steine brechen zum Beispiel muschelig. Siehe auch →Spaltbarkeit.
Cabochon:
Gängigste Form des Glattschliffs.
Chatoyieren:
Katzenaugeneffekt, meist bedingt durch parallel gelagerte Fasern oder Einschlüsse.
Dendriten:
Baumähnliche Einschlüsse, die mit der organischen Welt nichts zu tun haben, sondern eher Eisblumen gleichen.
Dendritisch:
Baumähnlicher Habitus.
Derb:
Mineralhabitus ohne bestimmte Form (strukturlose Massen, die jedoch durchaus kristallin aufgebaut sind).
Dichroismus:
→Pleochroismus.
Diffraktion:
Beugung der Lichtwellen.
Dispersion:
Zerlegung von weißem Licht in seine Spektralfarben bei der Brechung z. B. durch ein →Prisma oder einen →facettierten Schmuckstein.
Doppelbrechung:
Bei vielen Schmucksteinen wird der Lichtstrahl beim Eintritt in den Kristall in zwei Strahlen zerlegt. Der Doppelbrechungsindex (DI) bezeichnet die Differenz zwischen größtem und kleinstem →Brechungsindex.
Dublette:
Aus zwei Teilen zusammengesetzter Stein, oft oben eine dünne Schmucksteinlage, darunter dickeres Farbglas.
Einschlüsse:
Spuren oder Fremdkörper, die in einem Kristall eingeschlossen sind und dessen Wert erhöhen, aber auch mindern können.
Eruptivgesteine:
→Magmatische Gesteine.
Facetten: Eckig geschliffene Zierflächen von →Schmucksteinen.
Facettieren: Einen Schmuckstein mit →Facetten versehen.
Feuer: Siehe →Dispersion.
Gemischter Schliff:
Schliffart, bei der →Krone und →Pavillon unterschiedliche Schliffarten aufweisen. z. B.: Krone →mugelig, Pavillon facettiert, oder Krone Brillant-, Pavillon Treppenschliff.
Gemme:
Geschnittener Schmuckstein mit vertiefter (→Intaglio) oder erhabener (→Kamee) Darstellung.
Gemmologie:
Edelsteinkunde.
Geode:
Hohlraum eines →magmatischen Gesteins, der mit →Kristallen gefüllt sein kann.
Glattschliff: Schliffart ohne →Facetten (am häufigsten als Cabochon, aber auch Flach- oder Tafelschliff).
Granit:
Körniges Tiefengestein mit den Hauptgemengteilen Quarz, Glimmer und Feldspat.
Habitus:
Die charakteristische Erscheinungsform eines Kristalls.
Härte:
Die mittels der Mohs-Härteskala zu bestimmende Ritzhärte eines Minerals ist charakteristisch für jede Steinart.
Idiochromatisch:
Eigenfarbig, ohne Färbung durch fremde Substanzen.
Imitate:
(Minderwertige) Nachbildung eines wertvollen Steins.
Intaglio:
Gemme mit vertieft eingeschnittenen Figuren.
Irisieren:
In den Farben des Regenbogens schillern.
Kamee:
Schmuckstein mit erhabener figürlicher Darstellung.
Karat:
Einheit für die Gewichtsbestimmung von Schmucksteinen (1 ct = 200 mg), auch Maß der Feinheit einer Goldlegierung (24 Karat = reines Gold).
Kristall:
Festkörper mit charakteristischer →Kristallstruktur, Form und gleichbleibenden physikalischen und optischen Eigenschaften.
Kristallstruktur:
Dreidimensionale Anordnung der Atome etc. eines Kristalls. Man unterscheidet sieben Kristallsysteme.
Krone:
Oberhalb der →Rondiste liegender Teil eines facettierten Steins.

Kryptokristallin:
Erst bei mikroskopischer Untersuchung als kristallin erkennbar.
Lapidärie:
Fachbezeichnung für die Kunst des Farbsteinschleifens; der Steinschleifer wird auch »Lapidär« genannt.
Matrix (oder Muttergestein):
Gesteinsmasse, in der sich Kristalle gebildet haben und in der sie gefunden werden.
Mehrfarbige Steine:
Steine mit verschiedenen Farbzonen, die klar gegeneinander abgegrenzt sein, aber auch ineinander übergehen können.
Mikrokristallin:
→Mineralstruktur, bei der die →Kristalle zu klein sind, um mit bloßem Auge sichtbar zu sein.
Minerale:
Anorganische, chemisch, physikalisch und strukturell einheitliche und natürlich gebildete Körper der Erdkruste; strukturell sind fast alle Minerale →Kristalle. Man kennt über 2000 Minerale.
Mohs-Härteskala:
Skala zur Bestimmung der relativen Härtegrade von Mineralen. Zehn gängige Minerale sind entsprechend ihrer »Ritzbarkeit« eingeordnet.
Mugelig:
Gewölbt geschliffene Steine heißen mugelig.
Opak:
Undurchsichtig, lichtundurchlässig.
Opalisieren:
Farbiges Schillern des Edelopals.
Pavillon:
Unterhalb der →Rondiste liegender Teil eines facettierten Steines.
Pegmatite: Grobkörnige spaltungsfüllende →magmatische Gesteine.
Phantasieschliff:
Schlifform, die von den gängigen Formen wie Quadrat, Achteck etc. abweicht.
Pinakoid:
Offene, aus nur zwei Parallelflächen gebildete Kristallform.
Pleochroismus:
Verschiedenfarbigkeit durchsichtiger →Kristalle. Bei optisch einachsigen Kristallen zeigen sich zwei Farben (Dichroismus), bei optisch zweiachsigen drei Farben (Trichroismus).
Primäre Lagerstätten:
Vorkommen am Ort der Entstehung des Minerals.
Prismatisch:
Prismenförmiger →Habitus, bei dem paarweise parallelliegende rechteckige Kristallflächen ein Prisma bilden.
Pseudomorph:
Ein →Mineral erscheint in der Kristallform eines anderen Minerals.
Refraktometer:
Instrument zur Bestimmung des Brechungsindex eines Stoffes.
Rohstück
(auch Rohling oder Rohstein): Unbearbeiteter, noch nicht geschliffener Stein oder Kristall.
Rondiste:
Beim geschliffenen Stein die Stelle mit dem größten Umfang. Oberhalb befindet sich die Krone, das Unterteil heißt auch Pavillon.
Schliff:
In der →Gemmologie unterscheidet man Schliffarten (Brillant-, Treppen-, Glattschliff etc.) und Schlifformen (Achteck, Antik, Baguette, Oval, Pendeloque etc.).
Schmuckstein:
Sammelbezeichnung für alle zur Herstellung von Schmuck oder kunstgewerblichen Gegenständen verwendeten Materialien anorganischen, aber auch organischen Ursprungs.
Sedimentäre Gesteine:
Durch Sedimentation (Ablagerung von an anderer Stelle abgetragenen Stoffen) entstandene →Gesteine.
Seifen: Anreicherung von spezifischen Mineralen; wichtige →Erz-Lagerstätten.
Sekundäre Lagerstätten:
Vorkommen, an denen die Schmucksteine nicht entstanden sind, sondern zu denen sie durch Umlagerung gelangen.
Spaltbarkeit:
Die Art und Weise, in der ein Mineral entlang einer vorher definierten Schwächeebene (z. B. Fläche zwischen zwei Atomlagen) bricht.
Spektroskop:
Apparat zur Beobachtung von Spektren.
Spezifisches Gewicht (SG):
Gewicht der Volumeneinheit eines Stoffes (hier Minerals).
Stein:
Alternativbezeichnung für →Schmuckstein.
Straß:
Nach dem französischen Juwelier Stras benannte Glasmasse zur Schmucksteinimitation.
Synthesen:
Synthetisch hergestellte Schmuckstein-Kristalle.
Tafelfacette:
Oberste und größte Facette des Brillantschliffs.
Treppenschliff:
Beliebte Facettenschliffart, bei der die Facettenkanten parallel liegen.
Trichroismus:
→Pleochroismus.
Tripletten:
Aus drei Teilen zusammengesetzte Steine, z. B. empfindliche Schmucksteinlage auf Farbglas und als Schutzüberzug Bergkristall.
Varietät:
Bezeichnung für die geringfügig abweichende Form einer bestimmten Art.
Wärmebehandlung:
Verfahren zur Farbintensivierung oder -veränderung mancher Schmucksteine.
Zwillingsbildung:
Nach bestimmten Regeln zusammengewachsene Kristalle heißen Zwillingskristalle.

Register

Dank

Ich danke der Abteilung für Mineralogie am Natural History Museum (Alan Hart, David Smith, Peter Tandy, Henry Buckley, Andrew Clark) und dessen Leiter Dr. Robert Symes für die großzügige Unterstützung der Fotografen mit Exponaten; meinem Mann Robert und unseren Töchtern Alice und Emily, die mir genügend Freiraum einräumten, um dieses Buch ohne allzuviele Störungen zu vollenden. Dr. Roger Harding, Alan Jobbins, Dr. Joseph Peters und Christine Woodward für ihren wertvollen fachmännischen Rat.

Cally Hall

Bildnachweis

Alle Fotos, die für dieses Buch in Auftrag gegeben wurden, stammen von Harry Taylor, mit Ausnahme von 11 (oben rechts), 12 (Mitte links), 13 (oben rechts), 17 (unten), 18 (unten rechts), 19 (Mitte links), 21 (Mitte links), 26 , 27 (unten rechts), 28 (oben links & oben rechts), 33 (oben links, oben rechts, unten links, & unten rechts), 34 (oben rechts, unten links, & unten rechts), 35 (unten rechts), 36 (oben links, Mitte links & Mitte rechts), 48 (Mitte & unten links), 50 (oben & unten rechts), 55 (unten rechts), 57 (oben links), 60 (unten rechts), 63 (oben rechts & unten rechts), 67 (unten links), 68 (Mitte rechts) , 69 (oben rechts & unten rechts), 70 (Mitte rechts & unten rechts), 71 (Mitte links, Mitte rechts & unten rechts), 72 (Mitte rechts) , 74 (Mitte links), 76 (Mitte unten), 77 (Mitte), 78 (unten rechts), 81 (unten rechts), 82 (unten rechts), 83 (unten rechts), 85 (unten rechts), 87 (Mitte oben), 88 (unten), 92 (oben rechts, oben links, & unten links), 93 (oben rechts & Mitte), 94 (unten rechts), 95 (Mitte rechts & Mitte), 98 (oben rechts), 100 (unten rechts), 101 (Mitte), 104 (oben rechts), 106 (unten rechts), 107 (Mitte rechts) , 109 (oben rechts), 110 (unten rechts), 112 (unten rechts), 113 (unten rechts), 117 (unten links), 120 (oben links, oben rechts, & Mitte links), 124 (unten links), 125 (oben rechts, Mitte links, unten links, & unten rechts), 130 (Mitte links, Mitte rechts, & unten rechts), 134 (Mitte), 135 (Mitte unten), 138 (unten rechts), 139 (links), 141 (Mitte links), 142 (unten), 143 (oben links), 145 (Mitte links, Mitte rechts, unten links, & unten rechts), 148 (unten rechts) von Colin Keates; 30 (oben rechts) von Dave King und 144 (oben, unten links, & unten rechts) von Matthew Ward.

Der Verlag dankt folgenden Personen für die Druckerlaubnis für Fotos und andere Illustrationen:
Vicky Ambery-Smith 50 (oben links); Asprey Ltd 31 (unten rechts), 49 (Mitte links); Bridgeman Art Library 57 (oben Mitte); Cartier 27 (oben rechts), 29 (oben rechts); Crown Copyright (mit freundlicher Genehmigung von Her Majesty's Stationery Office) 7 (oben rechts); De Beers 13 (unten), 14 (Mitte links); Garrard, the Crown Jewellers 49 (unten rechts), 55 (oben); Andrew Farmer 28 (unten links); Michael Holford 11 (rechts), 31 (oben rechts), 32 (Mitte & oben rechts), 59 (oben Mitte), 106 (unten rechts); The Hutchinson Library 8 (unten rechts); Alan Jobbins 6 (oben rechts), 8 (Mitte), 15 (oben rechts & unten links), 20 (Mitte rechts) , 24 (unten rechts), 25 (oben links, Mitte rechts, & unten rechts), 32 (Mitte rechts) , 35 (Mitte rechts) , 36 (oben rechts & unten rechts), 37 (oben rechts), 56 (oben rechts), 59 (oben rechts), 60 (oben rechts), 62 (oben rechts), 75 (oben rechts & Mitte links), 82 (oben rechts), 86 (unten links), 94 (oben rechts & Mitte links), 135 (Mitte rechts & unten rechts), 140 (oben rechts), 145 (oben rechts); Bernd Munsteiner 2, 29 (unten rechts); The Natural History Museum 11 (unten links), 13 (Mitte rechts) , 21 (unten rechts), 23 (oben rechts), 24 (unten links), 38 (oben links); The Platinum Advisory Centre 26 (unten rechts), 53 (oben links & unten rechts)/Nicolas Sapieha 53 (oben rechts); The Smithsonian Institute 76 (oben rechts), 94 (Mitte rechts) , 107 (oben rechts); Tiffany & Co 51 (oben rechts & unten rechts), 55 (Mitte rechts) ; The Victoria & Albert Museum 31 (Mitte links), 32 (unten rechts), 125 (Mitte rechts) ; Werner Forman Archive 30 (Mitte rechts) ; The Worshipful Company of Goldsmiths 49 (oben rechts), 50 (unten links), 51 (unten links & Mitte rechts), 53 (unten links).